Une société de Québecor Média

Gauche **Deutsches Museum** Centre **Frauenkirche** Droite **Alte Münze**

Sommaire

Munich Top 10

Munich thème par thème

Une société de Québecor Média

DIRECTION
Nathalie Bloch-Pujo

DIRECTION ÉDITORIALE
Cécile Petiau

RESPONSABLE DE COLLECTION
Catherine Laussucq

ÉDITION
Émilie Lézénès et Adam Stambul

TRADUIT ET ADAPTÉ DE L'ANGLAIS PAR
Dominique Brotot et Cécile Giroldi avec la collaboration d'Isabelle Guilhamon

MISE EN PAGES (PAO)
Maogani

www.dk.com

Ce guide *Top 10* a été établi par Elfi Ledig

Publié pour la première fois en Grande-Bretagne en 2005 sous le titre : *Eyewitness Top 10 Travel Guides : Top 10 Munich*

IMPRIMÉ ET RELIÉ EN CHINE

Les Éditions Libre Expression
Groupe Librex inc.
Une société de Québecor Média
La Tourelle
1055, boul. René-Lévesque Est, Bureau 300
Montréal (Québec) H2L 4S5
www.edlibreexpression.com

DÉPÔT LÉGAL : Bibliothèque et Archives nationales du Québec et Bibliothèque et Archives Canada, 2014

ISBN 978-2-7648-0754-5

Aussi soigneusement qu'il ait été établi, ce guide n'est pas à l'abri des changements de dernière heure. Faites-nous part de vos remarques, informez-nous de vos découvertes personnelles : nous accordons la plus grande attention au courrier de nos lecteurs.

Abréviations : EP *Entrée payante* **EG** *Entrée gratuite*
vis. guidée *visite guidée* **C** *Climatisation* **PC** *Pas de climatisation*

Gauche **Antiquarium, Residenz** Centre **Schloss Nymphenburg** Droite **Oktoberfest**

Visiter Munich

Excursions

Mode d'emploi

Gauche **Theatinerkirche** Droite **Fischbrunnen de la Marienplatz**

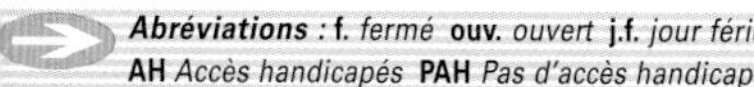

Abréviations : **f.** *fermé* **ouv.** *ouvert* **j.f.** *jour férié* **t.l.j.** *tous les jours*
AH *Accès handicapés* **PAH** *Pas d'accès handicapés*

TOP 10 MUNICH

TOP 10 MUNICH

TOP 10 À ne pas manquer

De la cité où il vécut de nombreuses années, l'écrivain Thomas Mann a dit : « Munich brille ». Et il est vrai que le ciel de la « plus septentrionale des villes italiennes » est souvent d'un bleu éclatant, rehaussé par quelques nuages blancs. Deux vastes espaces verts, l'Englischer Garten et les prairies de l'Isar, aèrent le centre de la capitale bavaroise, laquelle a pratiquement le lac de Starnberg et les Alpes à sa porte. Une longue et riche histoire a doté Munich de nombreux monuments et de remarquables collections d'art. Son dynamisme entretient une intense vie culturelle.

1 Deutsches Museum

Le plus ancien et le plus riche musée du monde consacré aux sciences et aux technologies attire plus de 1,5 million de visiteurs chaque année *(p. 8-11)*.

2 Schloss Nymphenburg

L'élégant palais d'été construit en 1664 pour l'électeur Ferdinand-Marie abrite de nombreux trésors, dont la galerie des Beautés de Louis Ier *(p. 12-13)*.

3 Quartier des musées

Il renferme trois prestigieuses collections de peintures. La plus ancienne est exposée dans l'Alte Pinakothek, qui occupe un bâtiment datant de 1836. Elle comprend des chefs-d'œuvre de peintres du Moyen Âge et de la Renaissance, comme Albrecht Dürer *(p. 14-17)*.

4 Olympiapark

Le toit souple du stade du complexe olympique, aménagé pour les Jeux de 1972, était à l'époque une réelle innovation architecturale. Il protège aujourd'hui le plus grand centre de remise en forme de la ville et offre un but d'escalade original *(p. 18-19)*.

5 Residenz

La Résidence des souverains bavarois a connu bien des agrandissements depuis sa construction en 1385 *(p. 20-21)*.

Munich sur Internet : **www.muenchen.de**

6 Oktoberfest

Plus de 6 millions de personnes assistent chaque année à la plus grande fête populaire du monde. Vieille de deux siècles, elle a lieu sur le champ de foire *(p. 22-23)*.

7 Biergarten

Les « brasseries en plein air », où l'on peut apporter son pique-nique, entretiennent une tradition de convivialité agréable aux beaux jours *(p. 24-25)*.

8 Autour de la Marienplatz

Le Neues Rathaus, nouvel hôtel de ville néogothique s'élève sur la place Sainte-Marie. Les figurines du carillon s'animent trois fois par jour sur la tour de l'horloge *(p. 26-27)*.

9 Neuschwanstein

L'admiration que Louis II portait à Wagner lui inspira son plus beau château. Mais le souverain n'y vécut que quelques mois *(p. 28-31)*.

10 Starnberger See

Stations de villégiature et palais d'été bordent le charmant lac de Starnberg. Proche de Munich, il est accessible à bicyclette *(p. 32-33, 71)*.

Avec 1,5 million d'habitants, Munich est la troisième ville la plus peuplée d'Allemagne.

TOP 10 Deutsches Museum

Fondé en 1903 par Oskar von Miller, le plus grand musée du monde consacré aux sciences et aux technologies occupe, sur l'île de l'Isar, un édifice de 1925 où éléments modernes, néoclassiques et néobaroques se juxtaposent. Il subit d'importants travaux de rénovation jusqu'en 2025 : il reste ouvert, mais certaines sections peuvent être fermées.

Museum Insel, au milieu de l'Isar

Le musée possède une cafétéria. Vous pouvez lui préférer le Café im Volksbad, installé dans le splendide bâtiment Art nouveau des bains Müller, en face.

La boutique vend des jeux, des maquettes, des robots, des instruments, des affiches et des livres.

- *Museumsinsel 1*
- *S-Bahn (RER) : toutes lignes, Isartor; U-Bahn (métro) U1/U2 : Fraun-hoferstrasse; tramway 16 : Deutsches Museum* • *plan M6*
- *(089) 21 79-1*
- *ouv. t.l.j. 9h-17h (certains départements jusqu'à 20h jeu.)*
- *f. 1er janv., Mardi gras, Vendredi saint, 1er mai, 1er nov., 24-25 et 31 déc.*
- *www.deutsches-museum.de*
- *EP 8,50 € (tarif réduit 3 € et 7 €) ; billet familial 17 € ; 6-15 ans 3 € ; EG moins de 6 ans ; ticket combiné (musée et annexes) 17 €.*

À ne pas manquer

1. Atelier de Galilée
2. Pharmacie
3. Machine Enigma
4. Planétarium Zeiss
5. Exploitation minière
6. Instruments de musique
7. Aéronautique et aérospatiale
8. Moteurs
9. Télécommunications
10. Navigation

1 Atelier de Galilée

Le célèbre astronome du XVIIe s. disposait d'un matériel rudimentaire, comme le montre une reconstitution de son lieu de travail *(ci-dessus)*.

2 Pharmacie

Cette fascinante section comprend une spectaculaire cellule humaine grossie 50 000 fois *(ci-dessous)*.

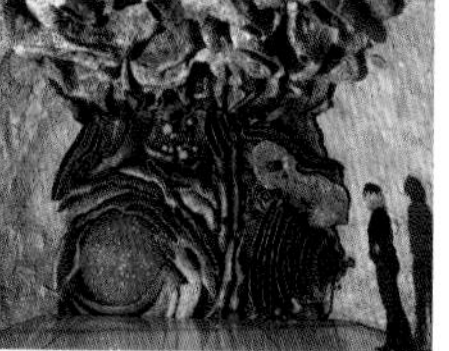

3 Machine Enigma

Cette machine d'encodage *(ci-dessus)* illustre les débuts de la technologie de l'information.

Plan du Deutsches Museum

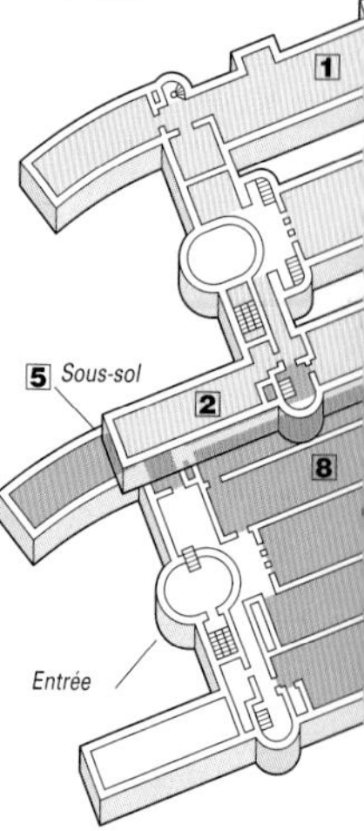

4 Planétarium Zeiss

Une coupole de 15 m de diamètre sert à la projection d'images du Soleil, de la Lune, des planètes, de plus de 5 000 étoiles visibles à l'œil nu, et de constellations.

Les billets pour les projections du planétarium Zeiss, situé au 6e étage, sont vendus séparément au prix de 2 €.

7 Aéronautique et aérospatiale

La collection comprend des douzaines d'avions, dont un prototype des frères Wright. Les visiteurs peuvent même monter à bord de certains. L'exposition se poursuit au Flugwerft Schleissheim *(p. 11)*.

9 Télécommunications

Ce département abrite des pièces rares, dont le premier télégraphe, un gramophone de Thomas Edison et un émetteur AEG de 1913. Les dernières avancées technologiques ne sont pas pour autant oubliées.

5 Exploitation minière

Des reconstitutions montrent les conditions de travail des mineurs dans le passé *(ci-dessus)*.

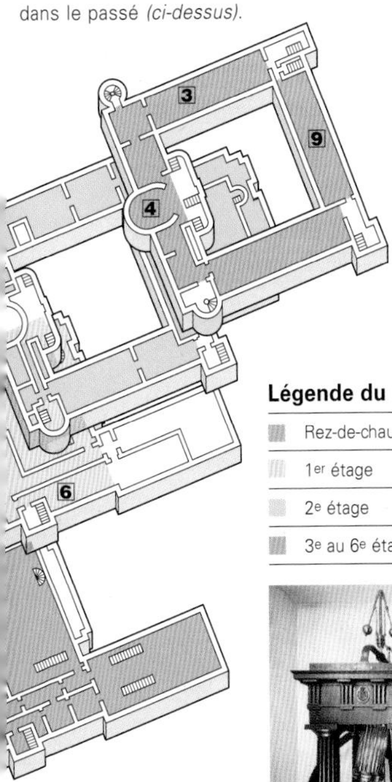

10 Navigation

Une vaste salle contient d'innombrables maquettes, ainsi que plusieurs véritables navires, dont le *Renzo*, un remorqueur à vapeur de 1932, et un bateau de pêche en bois, l'*Ewer Maria (ci-dessus)*.

Légende du plan

- Rez-de-chaussée
- 1er étage
- 2e étage
- 3e au 6e étage

6 Instruments de musique

Hitchcock utilisa le trautonium *(ci-dessous)* pour son film *Les Oiseaux*.

8 Moteurs

De l'effort musculaire aux turbines à gaz, sans oublier les moteurs à vapeur *(ci-dessus)*, l'exposition témoigne de l'évolution des énergies utilisées par l'homme.

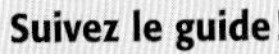

Suivez le guide !

Le musée présente 25 000 pièces sur les 100 000 que compte la collection. Les étages inférieurs abritent les véhicules lourds, les sections de chimie et de physique et l'aéronautique. Les niveaux intermédiaires sont consacrés aux arts décoratifs, les plus élevés à l'astronomie, à la technologie de l'information et à la microélectronique. La coupole du planétarium se trouve au 6e étage.

Départements du Deutsches Museum **p. 10-11**

Gauche **Hall de la section Aéronautique** Centre **Planétarium** Droite **Maquette du pont de Neuilly**

TOP 10 Collections du Deutsches Museum

1 Physique et astronomie

Des appareils et des machines, comme des poulies et des pompes, montrent comment l'homme tire profit des lois de la nature. Le pendule de Foucault fait partie des instruments de mesure exposés. La section consacrée à l'astronomie résume ce que nous savons de l'univers.

2 Horlogerie, chimie, pharmacie et environnement

La mesure du temps a donné lieu, au fil des siècles, à la création de magnifiques pendules et montres. Les salles consacrées à la chimie renferment les reconstitutions de laboratoires historiques, dont celui de Justus von Liebig. Les visiteurs peuvent eux-mêmes y effectuer des expériences. Une exposition illustre l'évolution de la recherche pharmaceutique, une autre aborde les grands problèmes écologiques.

3 Exploitation minière, métallurgie et agriculture

La visite d'une mine reconstituée, au sous-sol, est une bonne introduction au survol de 12 000 ans de travail des métaux. Ceux-ci ont, entre autres, servi à la fabrication d'outils et de machines agricoles très variés.

4 Verrerie, céramique et outillage

Cette section consacrée aux techniques de production retrace les progrès de la fabrication du papier, du verre et de la cuisson de l'argile (briques, porcelaine de Chine, etc.). Depuis le foret à archet de nos ancêtres de l'âge de pierre jusqu'au tour assisté par ordinateur, on mesure le chemin parcouru !

5 Technologie de l'énergie

L'exposition proposée tente de répondre à une question fondamentale : de quelle quantité d'énergie l'homme a-t-il besoin, et sous quelle forme ?

6 Communications

Télégraphie, radiotransmission, photographie, imprimerie et cinéma comptent parmi les techniques présentées. Les ordinateurs des années 1940 et 1950 paraissent antédiluviens.

Sextant, G. F. Brander, 1760

7 Navigation

De nombreuses maquettes et de véritables embarcations, entre autres, évoquent plusieurs siècles d'histoire maritime. La vedette de sauvetage *Theodor Heuss* est exposée à l'extérieur.

Le musée propose beaucoup d'autres expositions d'un grand intérêt, notamment une reconstitution de la grotte d'Altamira.

8 Aéronautique et aérospatiale

De la montgolfière aux avions à réaction, en passant par les planeurs et les biplans, les appareils exposés dans le grand hall offrent un résumé parfait de 220 ans d'histoire de l'aviation. La section consacrée à l'espace abrite une réplique du *Spacelab* et une authentique capsule Soyouz.

9 Génie civil

Les visiteurs peuvent emprunter un pont suspendu, dont des écrans, sur les murs, révèlent les oscillations.

10 Royaume des enfants

Il est réservé aux scientifiques en herbe (à partir de trois ans) et aux adultes qui les accompagnent.

Avions et véhicules à ne pas manquer

1. Fokker D. VII (Première Guerre mondiale)
2. Douglas DC-3, transport commercial, 1943
3. Heinkel He 111 (Seconde Guerre mondiale)
4. Lockheed F-104 F Starfighter, 1959
5. Dornier Do 31, appareil à décollage vertical
6. Puffing Billy (première locomotive du monde)
7. Vélocipède de Drais
8. Automobile de Benz (la première du monde)
9. Tropfenwagen de Rumpler, 1921
10. NSU Delphin III, motocyclette, 1956

Halle du centre de la Circulation

La halle dédiée aux transports urbains abrite une splendide collection de véhicules de tous âges.

Les annexes

Hall d'exposition du Flugwerft Schleissheim

Le Flugwerft Schleissheim, l'annexe du Deutsches Museum consacrée à l'histoire de l'aéronautique, occupe un chantier d'aviation (Effnerstrasse 18, Oberschleissheim ; 089 31 57 140). D'une superficie de 78 000 m², le site d'exposition abrite plus de 50 aéroplanes, hélicoptères et Deltaplane, ainsi que des moteurs et des simulateurs. Le Flugwerft Schleissheim propose des visites guidées pour enfants et amateurs avertis et accueille des expositions temporaires. Il possède une boutique et un restaurant, Le Pegasus, où de jeunes artistes présentent leurs œuvres toute l'année.

Le Verkehrszentrum, ou centre de la Circulation, est situé sur la Theresienhöhe (Theresienhöhe 14a ; 089 500 80 67 62). Jadis, la Foire de Munich se tenait dans ses trois halles, aujourd'hui classées monuments historiques. Celles-ci renferment des locomotives, des automobiles, des voitures à cheval et des deux-roues. Il s'agit du plus grand musée des transports du monde. La collection ne se contente pas de proposer une vision historique des modes de déplacement, elle s'interroge aussi sur les rapports entre mobilité et technique. Le Verkehrszentrum accueille également des expositions temporaires.

Informations sur les annexes du musée : **www.deutsches-museum.de**

Schloss Nymphenburg

Pour célébrer la naissance de leur fils en 1662, l'électeur Ferdinand-Marie et son épouse, Henriette-Adelaïde de Savoie, commandèrent à Agostino Barelli un palais d'été de style italianisant à l'ouest de Munich. Leurs successeurs l'agrandirent à partir de 1701. Ils firent construire les deux vastes ailes qui encadrent le corps de bâtiment originel, ainsi que les dépendances formant un demi-cercle autour du grand bassin. Ils aménagèrent aussi un grand parc agrémenté de pavillons, qui se prête à la flânerie.

Canal des jardins à la française

Le café de la Palmenhaus est l'endroit idéal pour faire une pause (089-17 53 09).

Les audioguides sont payants.

- *Schloss Nymphenburg*
- *tramway 17, bus 51*
- *plan A2-A3 et B2-B3*
- *(089) 179 08-0*
- *Schloss, musée de la Porcelaine et Marstallmuseum : ouv. avr.-mi-oct. t.l.j. 9h-18h ; mi-oct.-mars t.l.j. 10h-16h • Pavillons : ouv. avr.-mi-oct. : t.l.j. 9h-18h*
- *f. 1er janv., Mardi gras, 24, 25 et 31 déc.*
- *EP (château, pavillons et Marstallmuseum)*
- *Schlosspark : ouv. janv.-fév., nov. t.l.j. 6h30-18h ; mars t.l.j. 6h-18h30 ; avr. et sept. t.l.j. 6h-20h30 ; mai-août t.l.j. 6h-21h30 ; oct. t.l.j. 6h-19h ; déc. t.l.j. 6h30-17h30*
- *www.schloss-nymphenburg.de*
- *EG*
- *visites guidées du parc gratuites au printemps et en automne.*

À ne pas manquer

1. Palais
2. Galerie des Beautés
3. Steinerner Saal
4. Lackkabinett
5. Jardins
6. Marstallmuseum
7. Amalienburg
8. Pagodenburg
9. Badenburg
10. Magdalenenklause

1 Palais

Maximilien II Emmanuel et Karl Albrecht étendirent la villa originelle de 1664 en faisant ajouter des bâtiments, dessinés par Zuccalli et Effner. Reliés à l'édifice principal par des galeries, ils contribuent à l'harmonie de l'ensemble *(à droite)*.

2 Galerie des Beautés

Louis Ier commanda au peintre Joseph Stieler cette collection de portraits. Lola Montès, la maîtresse du roi, comptait parmi les modèles à côté de jeunes Munichoises comme Helene Sedlmayr *(ci-dessus)*, la fille d'un tailleur.

3 Steinerner Saal

Pendant le règne de Maximilien III Joseph, Johann B. Zimmermann et François de Cuvilliés dotèrent la spacieuse salle de bal d'un superbe décor rococo.

4 Lackkabinett

Le pavillon des laques chinoises *(ci-dessous)* possède un somptueux parement mural du XVIIe s.

Dans une annexe, un musée retrace l'histoire de la manufacture de porcelaine fondée en 1747 et installée au château depuis 1761.

5 Jardins

Derrière le corps de bâtiment, les parterres géométriques des jardins à la française bordés par l'orangerie cèdent la place à un parc à l'anglaise, aménagé à partir de la forêt existant à l'époque. Pavillons, fontaines et bassins l'agrémentent.

Plan des jardins

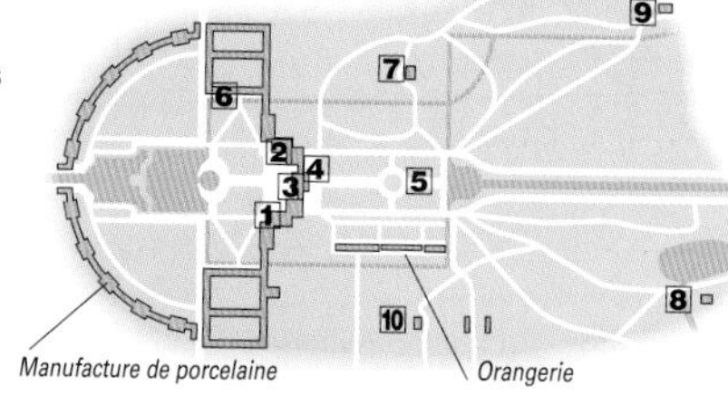

9 Badenburg

Le pavillon des Bains renferme une salle de bal et un bassin considéré comme la première piscine d'eau chaude créée en Europe sur le modèle romain. Du papier peint chinois décore trois des pièces.

10 Magdalenenklause

Au terme d'une vie de plaisirs, Maximilien II Emmanuel fit aménager un ermitage où il comptait venir prier et méditer. Une grotte artificielle abritait la chapelle. Mais il mourut avant l'achèvement du bâtiment, en 1725.

6 Marstallmuseum

Les anciennes écuries abritent une collection de carosses, dont une voiture d'apparat de Louis II *(ci-dessous)*.

8 Pagodenburg

Dans ce pavillon du XVIIIe s. de plan octogonal *(ci-dessus)*, la décoration, très raffinée, associe thèmes orientaux et occidentaux. Des carreaux de Delft ornent le rez-de-chaussée.

7 Amalienburg

Entre 1734 et 1739, François de Cuvilliés transforma, pour l'électrice Amélie, un petit pavillon de chasse en un chef-d'œuvre rococo *(à droite)*.

Histoire des jardins

Construit en 1664, puis agrandi en 1701, le jardin ornemental prend son visage classique à compter de 1715 sous la direction de Joseph Effner et Dominique Girard, un élève de Le Nôtre. Ces derniers le dotent d'un réseau de canaux, de fontaines, de parterres géométriques, de labyrinthes, de sculptures, et d'un espace boisé où se nichent plusieurs pavillons. Au XIXe s., Friedrich L. von Sckell réaménage le domaine et crée un parc paysagé à l'anglaise.

Le Museum Mensch und Natur, dans l'aile droite du palais, présente une collection d'histoire naturelle : **www.musmn.de**

TOP 10 Quartier des musées – Alte Pinakothek

Quelques pâtés de maisons, près de la Königsplatz, renferment trois grands musées de peinture : l'Alte Pinakothek, la Neue Pinakothek et la Pinakothek der Moderne (p. 16-17), *ainsi que quatre musées d'art – la Glyptothek, la collection nationale des Antiquités, la Lenbachhaus et le Brandhorst Museum. Fondée par Louis Ier, l'Ancienne Pinacothèque occupe un édifice de Leo von Klenze. La collection, qui réunit les acquisitions des souverains bavarois et les trésors de monastères, compte des chefs-d'œuvre du XVIe au XVIIIe s.*

Lion à l'entrée de l'Alte Pinakothek

Les trois pinacothèques abritent chacune un café.

Le prix d'entrée inclut parfois l'audioguide.

- ***Alte Pinakothek***
Barer Str. 27,
(089) 23 805 216
- *ouv. mar.-dim. 10h-18h (mar. jusqu'à 20h) ; f. certains j.f.*
- *EP 7 € (TR 5 €) ; dim. 1 €*
- ***Neue Pinakothek***
Barer Str. 29,
(089) 23 805 195
- *ouv. mer.-dim. 10h-18h (mer. jusqu'à 20h) ; f. certains j.f.*
- *EP 7 € (TR 5 €) ; dim. 1 €*
- ***Pinakothek der Moderne***
Barer Str. 40, plan K2,
(089) 23 805 360
- *ouv. mar.-dim. 10h-18h (jeu. jusqu'à 20h) ; f. certains j.f.*
- *www.pinakothek.de*
- *EP 10 € (TR 7 €) ; dim. 1 €*
- *métro U2 : Theresienstrasse; tramway 27 : Königsplatz*

À ne pas manquer

1. *Bataille d'Alexandre*
2. *Descente de croix*
3. *Pays de Cocagne*
4. *Déploration du Christ*
5. *Portrait de Ch. Quint assis*
6. *Enlèvement des filles de Leucippe*
7. *Portrait de Willem van Heythuysen*
8. *Le Christ dépouillé de ses vêtements*
9. *Les Quatre Apôtres*
10. *Adoration des Mages*

1 Bataille d'Alexandre

Le chef-d'œuvre d'Albrecht Altdorfer date de 1529. Il représente la victoire d'Alexandre le Grand sur Darius *(ci-dessous)*.

2 Descente de croix

Ce tableau de 1633 témoigne de la maîtrise du clair-obscur par Rembrandt. Les peintres hollandais du XVIIe s. se sont aussi illustrés dans le paysage et les scènes de genre.

3 Pays de Cocagne

Cette représentation satirique des péchés de gourmandise et de paresse *(ci-dessus)*, réalisée en 1566 par Pieter Bruegel l'Ancien, peintre de l'école flamande se trouve dans une section riche en œuvres de Rubens.

4 Déploration du Christ

Exécutée en 1495, cette composition raffinée de Sandro Botticelli est l'un des plus beaux tableaux de la collection italienne.

5 Portrait de Charles Quint assis

Le Vénitien Titien réalisa ce portrait de l'empereur en 1547-1548, lors de sa visite à Augsburg.

Le billet valable une journée (12 €) comprend l'entrée pour les trois pinacothèques, la Sammlung Schack et le Brandhorst Museum.

6 Enlèvement des filles de Leucippe

Une grande sensualité se dégage de cette scène de Rubens, de 1618 *(ci-dessus)*.

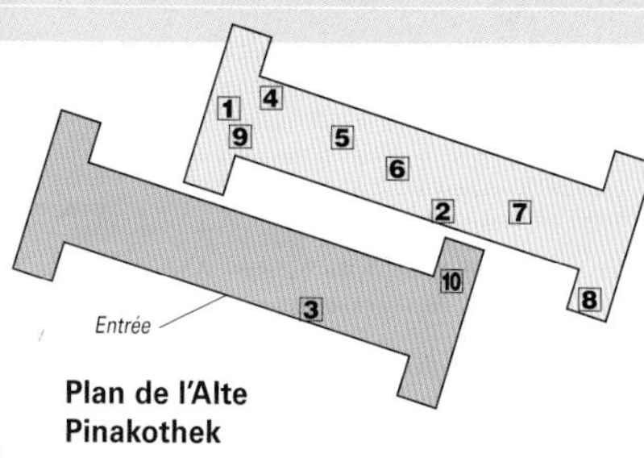

Plan de l'Alte Pinakothek

Légende du plan

	Rez-de-chaussée
	Premier étage

9 Les Quatre Apôtres

La collection de Dürer retrace la carrière du génie de la Renaissance, de son *Autoportrait à la fourrure* (1500) à ces deux panneaux peints en 1526, deux ans avant sa mort.

10 Adoration des Mages

Fragment d'un retable, cette scène de style gothique tardif peinte par Hans Holbein l'Ancien remonte à 1502.

7 Portrait de Willem Van Heythuysen

Avec ce tableau datant de 1625-1630 *(ci-dessus)*, Frans Hals montre les qualités de portraitistes des maîtres baroques hollandais.

8 Le Christ dépouillé de ses vêtements

Réalisée entre 1580 et 1595, cette œuvre du Greco fait partie de la collection espagnole.

Suivez le guide !

Les 19 salles principales et les 47 galeries latérales se répartissent sur deux niveaux. Le rez-de-chaussée abrite les peintures allemandes jusqu'à 1500.
Le 1er étage renferme les œuvres allemandes à partir de 1500, celles des maîtres hollandais, des peintres de la Renaissance italienne et des artistes français, flamands et hollandais du XVIIe s. Des toiles espagnoles complètent cette collection.
Le rez-de-chaussée abrite une librairie et le Café Klenze.

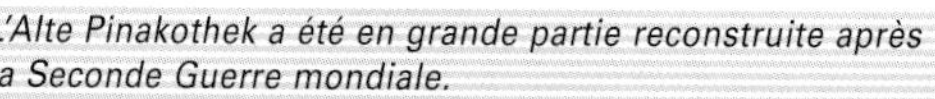

L'Alte Pinakothek a été en grande partie reconstruite après la Seconde Guerre mondiale.

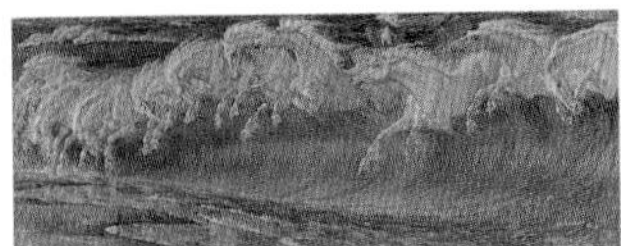

Gauche ***Les Chevaux de Neptune*** Centre ***Le Pauvre Poète*** Droite ***Le Jeu des vagues***

TOP 10 Neue Pinakothek et Pinakothek der Moderne

1 Les Chevaux de Neptune
Dans ce tableau de 1892, Walter Crane concilie démarche préraphaélite et influences symbolistes et de l'Art nouveau.

2 Le Pauvre Poète
Cette célèbre peinture de Carl Spitzweg date de 1839. Elle est caractéristique de la période Biedermeier.

3 Garçons sur la plage
Cette œuvre de 1898 de Max Liebermann offre un bel exemple de l'attention portée par les impressionnistes allemands au rendu des jeux de lumière.

4 Le Déjeuner dans l'atelier
L'un des fleurons de la Neue Pinakothek, Édouard Manet, utilisa son fils comme modèle pour cette composition présentée au Salon de Paris en 1868.

5 Le Jeu des vagues
Considéré par les surréalistes comme un « artiste génial et ironique », le symboliste Arnold Böcklin se joue des références classiques dans cette superbe scène de 1883 où s'ébattent naïades, sirènes et divinités masculines.

Le Déjeuner dans l'atelier **de Manet**

Collection de design

6 Collection d'art moderne
Le fonds de la Pinakothek der Moderne est réparti en deux grandes sections. Le département d'art moderne couvre une période allant du tournant du XXe s. à 1960, avec, entre autres, des œuvres de Kirchner, Nolde, Braque, Picasso, Klee et Beckmann.

7 Collection d'art contemporain
Beuys, Baselitz, Warhol, de Kooning et Twombly comptent parmi les créateurs représentés.

8 Collection d'arts plastiques
Plus de 45 000 dessins et environ 350 000 gravures alimentent des expositions tournantes. L'ensemble est d'une grande variété : œuvres des maîtres anciens, comme Rembrandt et Titien, ou travaux d'artistes

Dans cette liste, les cinq premiers articles concernent la Neue Pinakothek, les cinq suivants la Pinakothek der Moderne.

modernes, tels que Cézanne, Baselitz, Wols ou Franz Marc, auteur de *La Tour aux chevaux bleus* (1912).

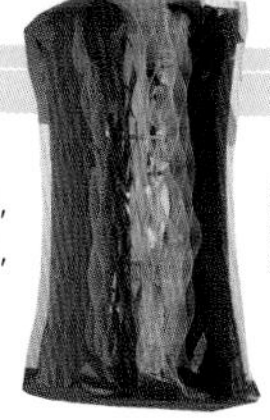

***Voyage à Jérusalem* (2002) d'Olaf Metzel**

9 Collection d'architecture

Des expositions tournantes présentent 500 maquettes – dont les plus anciennes datent du XVIIe s. – 100 000 photographies et 450 000 esquisses et plans de 700 architectes.

10 Collection de design

Quelque 60 000 objets utilitaires retracent l'évolution du design depuis ses premiers pas, au tournant du XXe s., jusqu'aux créations les plus contemporaines. Leur mise en espace évoque de grands mouvements, comme le fonctionnalisme et le pop art, et développe des thèmes comme l'automobile ou la culture de l'ordinateur.

Construction de la Pinakothek der Moderne

1. 1990 : lancement du projet
2. 1992 : concours gagné par Stephan Braunfels
3. 1993 : la Bavière exige 10 % du financement en donations
4. 1994 : la fondation PDM réunit 30 000 000 DM.
5. 1995 : la construction est décidée
6. 1996 : première pierre
7. 1998 : cérémonie de pose de la toiture
8. 2000 : controverse sur les surcoûts
9. 2001 : dégâts structurels
10. 2002 : ouverture

Quartier des musées et des arts

Fondée par Louis Ier, inaugurée en 1853 et détruite en 1944, la Neue Pinakothek occupe depuis 1981 un nouvel édifice dessiné par Alexander von Branca. Sa collection permanente – plus de 4 500 peintures et 300 sculptures – en fait l'un des plus riches musées d'Europe dans le domaine de l'art du XIXe s. La Pinakothek der Moderne a ouvert en 2002 dans un spacieux bâtiment – critiqué pour son coût : 121 millions d'euros – conçu par Stephan Braunfels. Plus de 20 000 m² de surface de plancher sont offerts à la collection permanente de ce centre d'art du XXe et du XXIe s., ainsi qu'aux expositions temporaires. Un réseau d'escaliers relie les salles regroupées autour de la rotonde centrale. Il offre aux visiteurs une grande souplesse dans leur exploration. De nouveaux musées complètent les trois pinacothèques. L'un d'eux, consacré à la collection Brandhorst, a ouvert début 2009 (p. 37)*. Le quartier des arts a pour pôle la Königsplatz bordée par la Glyptothek (sculptures grecque et romaine), le Staatliches Museum Ägyptischer Kunst (musée national d'Art égyptien) et la Staatliche Antikensammlungen (collection nationale des Antiquités). De nombreuses galeries d'art privées sont installées alentour.*

Rotonde, Pinakothek der Moderne

Les 4 500 tableaux de la Neue Pinakothek sont visibles par roulement : 4 000 œuvres sont exposées à la fois.

Olympiapark

Le parc olympique créé pour les Jeux de 1972 occupe le site d'un ancien terrain d'aviation et de parades. Vallonné et agrémenté d'un lac artificiel, il offre un cadre verdoyant aux équipements sportifs, dominés par une tour de télécommunications. Les élégants bâtiments, dessinés par le cabinet Behnisch et Partners, tirent leur originalité de la couverture transparente conçue par Frei Otto. En forme de dais et portée par de hauts mâts, elle protège le stade de 67 000 places, le palais des sports et le stade nautique.

Vue aérienne du parc

Le restaurant pivotant offre une vue superbe et une excellente cuisine.

Escalade encordée du toit élastique, inscription au (089) 30 67 24 14.

• métro U3 : Olympiazentrum ; tramway 20 et 21 : Olympiapark West ; bus 173 : Olympiapark-Eisstadior • plan D1-E1 • (089) 30 670 • Olympiaturm : t.l.j. 9h-minuit (dern. montée 23h30) ; EP 5,50 € (tarif réduit 3,50 €) • escalade du toit : été : t.l.j. ; hiver : sam.-dim. ; EP 41-71 € (10-15 ans 31-61 €) • découverte aventure du parc : été : t.l.j. ; hiver : sam.-dim. EP 9,50 € (6-15 ans 6,50 €) • renseignements sur www.olympiapark.de • BMW Museum : t.l.j. 9h-18h ; www.bmw-welt.com ; EG • Sea Life : t.l.j. 10h-19h (hiver 10h-17h) ; EP 15,95 € (enfant 10,50 €) • centre nautique : t.l.j. 7h-23h ; EP 4,20 € (3 heures) ; 7,60 € (la journée).

À ne pas manquer

1. Olympiaturm
2. Musée BMW
3. Stade olympique
4. Palais des Sports
5. Lac et parc
6. Patinoire olympique
7. Sea Life
8. Centre nautique
9. Chapelle du père Timofej
10. Theatron et autres équipements

1 Olympiaturm

Un ascenseur à grande vitesse conduit à la plate-forme panoramique et au restaurant pivotant de cette tour de télécommunications haute de 290 m *(à droite)*. La vue est exceptionnelle : par temps très clair, quand le föhn souffle, elle porte jusqu'aux Alpes. Le restaurant propose une cuisine rapide à midi et des repas plus élaborés le soir.

2 Musée BMW

Ce bâtiment futuriste, avec son impressionnante entrée en forme de double cône, incarne le dynamisme et l'élégance de la marque. Il accueille des expositions autour de BMW.

3 Stade olympique

Ce magnifique stade de 67 000 places est longtemps resté le siège de l'équipe du FC Bayern avant son départ pour l'Allianz Arena. Il accueille divers événements.

4 Palais des Sports

Cette salle contient 14 000 spectateurs sous son spectaculaire toit élastique suspendu à 58 pylones. Le palais des sports accueille de nombreux événements, des rencontres sportives, mais aussi des concerts, des conférences et des foires commerciales. Le petit hall olympique, bâti en 2011, se dresse sur sa partie est.

Différents billets groupés donnent accès à l'Olympiaturm et à certains équipements sportifs.

5 Lac et parc

Des gravats déblayés des ruines de la ville à la fin de la Seconde Guerre mondiale ont donné au parc ses reliefs paysagés. La création d'un lac artificiel et d'un réseau d'allées a fait de l'espace vert un lieu très apprécié des promeneurs.

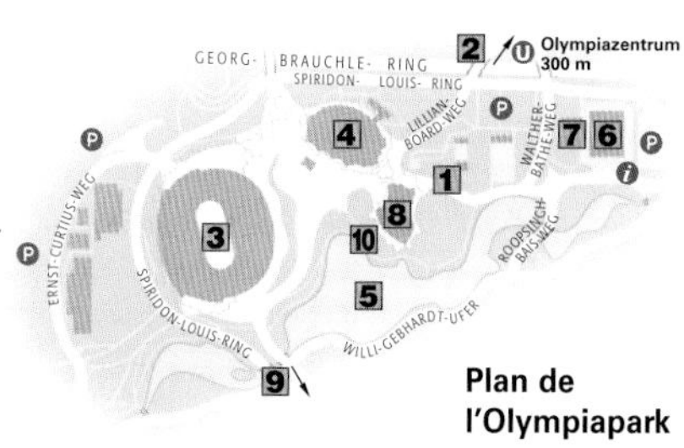

Plan de l'Olympiapark

10 Theatron et autres équipements

Outre un amphithéâtre de 5000 places *(ci-dessus)*, qui accueille aux beaux jours des concerts gratuits, l'Olympiapark renferme un vélodrome couvert, des courts de tennis ainsi que des terrains de beach-volley et de basket-ball. On peut y pratiquer le curling d'été et canoter sur le lac.

6 Patinoire olympique

La vaste patinoire attire de nombreux patineurs et danseurs sur glace. Des patins sont en location à l'entrée.

7 Sea Life

Les visiteurs sont face à face avec des poissons tropicaux et méditerranéens. Le tunnel en verre est une merveille.

9 Chapelle du père Timofej

Un sanctuaire orthodoxe russe *(ci-dessus)*, construit sans permis et avec des matériaux de récupération, se dresse dans le parc depuis 1951.

8 Centre nautique

Le centre nautique *(à droite)* compte parmi les plus vastes d'Europe. Doté de plusieurs saunas et d'un tunnel de vapeur, il propose des programmes de remise en forme.

5 septembre 1972

Dans la nuit, à 4 h, des terroristes palestiniens, membres du groupe Septembre noir, se glissent dans le village olympique. Ils abattent deux membres de l'équipe israélienne et prennent neuf athlètes en otages. La police intervient à l'aéroport de Fürstenfeldbruck. Sa tentative de libération échoue. Les neuf Israéliens, quatre Palestiniens et un policier trouvent la mort dans l'affrontement.

L'Olympiapark est le plus grand centre de remise en forme de la ville. Pour plus de renseignements: **www.olympiapark.de**

Top 10 Residenz

Au cœur de la ville, la Résidence où régnèrent les Wittelsbach jusqu'en 1918 a pour origine un château fort de 1385. Des remaniements et ajouts successifs l'ont transformé en un vaste complexe. L'Antiquarium – le plus vaste édifice séculier de style Renaissance – et le splendide théâtre rococo sont particulièrement admirables. Les deux ailes néoclassiques, la Königsbau et la Festsaalbau, datent du XIXe s. La Residenz abrite des collections d'orfèvrerie, de vêtements liturgiques et de porcelaines.

Fontaine et parterres de la Grottenhof

Le café Tambosi du Hofgarten propose des repas légers dans un cadre historique. La Pfälzer Residenzweinstube (Residenzstr. 1) sert des plats plus consistants.

Plusieurs visites guidées parcourent la Residenz et ses alentours.

- *Residenzstr. 1*
- *métro U3/U6 : Odeonsplatz* • *plan L3-M3* • *(089) 29 06 71*
- *Residenz : ouv. avr.-mi-oct. : t.l.j. 10h-18h ; mi-oct.-mars : t.l.j. 10h-17h (une partie du complexe est ouverte le matin, l'autre l'après-midi) ; audioguides disponibles*
- *f. 1er janv., Mardi gras, 24, 25 et 31 déc.*
- *EP 7 € (tarif réduit 6 €), ticket combiné Residenz et Schatzkammer 9-11 €*
- *Cuvilliés-Theater : ouv. avr.-juil. et mi-sept.-mi-oct. : lun.-sam. 14h-18h, dim. et j.f. 9h-18h ; août-mi-sept. : t.l.j. 9h-18h ; mi-oct.-mi-mars : lun.-sam. 14h-18h, dim. et j.f. 9h-18h* • *EP 2,50-3,50 €*
- *PAH.*

À ne pas manquer

1. Antiquarium
2. Cuvilliés-Theater
3. Schatzkammer
4. Hofkapelle
5. Les cours
6. Reiche Kapelle
7. Reiche Zimmer
8. Allerheiligen-Hofkirche
9. Collection de monnaies
10. Hofgarten

1 Antiquarium

Ce joyau de la Renaissance *(au centre)*, bâti à la demande du duc Albert V, possède une voûte en berceau de 69 m, ornée de fresques allégoriques, de grotesques et de paysages bavarois. C'est la pièce la plus ancienne de la Residenz.

2 Cuvilliés-Theater

François de Cuvilliés et son fils firent édifier ce superbe théâtre rococo entre 1751 et 1755. C'est l'un des plus beaux d'Europe *(ci-dessous)*.

3 Schatzkammer

Le trésor abrite, entre autres, des porcelaines, les insignes de la royauté bavaroise et de riches pièces d'orfèvrerie *(à gauche)*.

4 Hofkapelle

Krumpper éleva entre 1601 et 1614 la chapelle de la Cour.

La collection de monnaies a ses propres horaires et prix d'entrée (mar.-dim. 10h-17h ; EP 2,50 €).

Les cours

On accède à la Kaiserhof par le portail nord, de style Renaissance, et à la Grottenhof, maniériste, par l'entrée sud. La Brunnenhof occupe le centre du bâtiment. La cour du théâtre Cuvilliés est la plus petite, non loin de la plus grande, l'Apothekenhof.

Plan de la Residenz

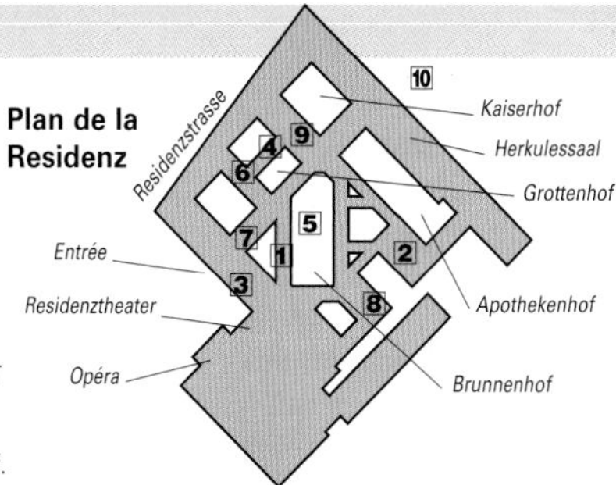

Reiche Kapelle

La chapelle privée de Maximilien Ier, au décor maniériste (1607), a conservé son retable en ébène et ses bas-reliefs en argent *(ci-dessous)*.

Reiche Zimmer

La Rittersaal conduit à une enfilade de pièces de style rococo. La Reiche Zimmer, dessinée en 1730 par François de Cuvilliés, et la Grüne Gallerie *(à droite)* comptent parmi les plus remarquables.

Allerheiligen-Hofkirche

Bâtie entre 1826 et 1837 par l'architecte Leo von Klenze, cette magnifique église de style byzantin accueille des concerts de musique de chambre et des manifestations. Elle compte 339 places.

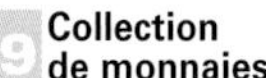

Collection de monnaies

Une exposition de poids et mesures complète la plus riche collection de pièces d'Europe.

Hofgarten

Avec ses parterres et ses haies taillées au cordeau, le jardin Renaissance planté de tilleuls, qui s'étend au nord de la Residenz, évoque l'Italie. Un réseau de sentiers le parcourt. Au centre se dresse le temple de Diane construit par Heinrich Schön l'Ancien, et à l'est s'étend la Chancellerie de Bavière.

Démolition et reconstruction

Les souverains de Bavière ont mis des siècles à édifier la Residenz, mais lors de la Seconde Guerre mondiale, une grande partie a été dévastée en quelques heures. Dès la paix signée, la reconstruction a débuté. Aujourd'hui, on peut y voir quelque 130 pièces. Déplacés pendant la guerre, les trésors qui les parent ont parfois emprunté des chemins tortueux pour retrouver leur place.

La Herkulessaal, jadis salle du Trône, bénéficie d'une excellente acoustique et accueille des concerts.

TOP 10 Oktoberfest

Avec plus de 6 millions de visiteurs, plus de 6 millions de litres de bière engloutis, 200 000 paires de saucisses avalées et 100 bœufs rôtis à la broche, l'Oktoberfest est la plus grande fête populaire du monde. Au pied d'une immense allégorie de la Bavière, un grand pré, le Theresienwiese (ou « Wiesn », pour les Munichois) se remplit pour l'occasion de tavernes sous chapiteaux, d'attractions foraines et de stands vendant toutes sortes de snacks, des poissons en brochette aux pains d'épice en forme de cœur.

Souvenirs et gages d'amour comestibles

Des kiosques vendent des boissons non alcoolisées.

Il est possible d'obtenir des réductions sur certaines attractions, à certaines dates.

- *Theresienwiese*
- *S-Bahn (RER) : Hackerbrüke (S1-S8), métro : U4/U5 Theresienwiese*
- *plan D5*
- *16 ou 17 jours de mi-sept. à déb. oct. ; lun.-ven. 10h-23h30, sam., dim. et j.f. 9h-23h30 ; dernière commande 22h30*
- *www.oktoberfest.de*
- *EG*
- *grands groupes : réserver les tables tôt avant la fête.*

À ne pas manquer

1. Défilé d'ouverture
2. *O'zapft is !*
3. Chapiteaux
4. Bœufs rôtis
5. Steckerlfische
6. Beim Schichtl
7. Cirque de puces
8. Attractions
9. Mémorial
10. Bavaria

1 Défilé d'ouverture

Depuis 1887, la fête commence un samedi par une parade, dans la ville, de chars attelés et ornés de fleurs. Certains *(ci-dessous)* portent d'énormes tonneaux, d'autres sont aux couleurs d'une brasserie. Des employés en tenues folkloriques et des fanfares les escortent. Le public se joint au cortège.

2 *O'zapft is !*

Après le défilé, à midi, dans la Schottenhamel, la plus ancienne tente de la fête, le maire lance les festivités en criant : « O'zapft is ! » et en perçant le premier fût de bière.

3 Chapiteaux

Servie en *Mass*, une chope de 1 l, la bière règne en maîtresse dans les immenses tavernes en toile, et les clients tanguent au rythme des airs traditionnels joués par l'orchestre *(ci-dessus)*. L'ambiance est moins bruyante dans des chapiteaux de taille plus modeste, comme celui de Fischer Vroni.

Oide Wiesn, dans la partie est de Theresienwiese, recrée l'Oktoberfest d'il y a un siècle (EP : 3 €).

4 Bœufs rôtis

Au cours des seize jours, quelque 100 bœufs rôtissent entiers à la broche sous les yeux du public pour fournir une des célèbres spécialités bavaroises servies à l'occasion de la fête. Le jarret de porc accompagné de couenne grillée en est une autre.

7 Cirque de puces

Les minuscules et indociles insectes, ainsi que leur seigneur et maître, font le bonheur des spectateurs (une vingtaine par représentation) depuis plus d'un demi-siècle.

9 Mémorial

Le 26 septembre 1980, vers 22 h 30, une bombe posée par un néonazi près d'une des sorties tua treize personnes et en blessa plus de 200 autres. Une stèle *(à gauche)* rappelle l'événement.

10 Bavaria

La statue qui domine le Theresienwiese mesure 18 m. Elle a été dessinée par Ludwig Schwanthaler et fondue par Ferdinand von Miller. Un escalier intérieur mène à sa tête, d'où s'ouvre une vue imprenable sur le champ de foire. Derrière, le Ruhmeshalle, bâti par Leo von Klenze pour Louis Ier *(ci-dessous)*, abrite les bustes de Bavarois célèbres.

5 Steckerlfische

De toutes les odeurs qui flottent sur la fête, l'une des plus enivrantes émane des barbecues où grillent des poissons en brochette, ou *Steckerlfische (à droite)*.

6 Beim Schichtl

Pilier de l'Oktoberfest depuis 1871, ce cabaret *(ci-dessous)* entretient la tradition du grand guignol et va jusqu'à mettre en scène la « décapitation » d'un spectateur.

8 Attractions

Des traditionnels manèges de chevaux de bois et stands de tir à la carabine au Frier Fall (« chute libre »), en passant par les montagnes russes, les attractions foraines s'adressent à un très large public. Le spectacle offert par le champ de foire depuis les nacelles de la grande roue est particulièrement spectaculaire la nuit.

Histoire de l'Oktoberfest

Le prince Louis de Bavière épouse Thérèse de Saxe-Hildburghausen le 12 octobre 1810. Le mariage donne lieu à cinq jours de célébration, dans un pré rebaptisé Theresienwiese en l'honneur de la jeune mariée. Les festivités s'achèvent par une course de chevaux – qu'il est décidé de répéter tous les ans. En 1818, un premier manège est installé. En 1896 apparaissent les « palais de la bière », montés sous l'égide de brasseries.

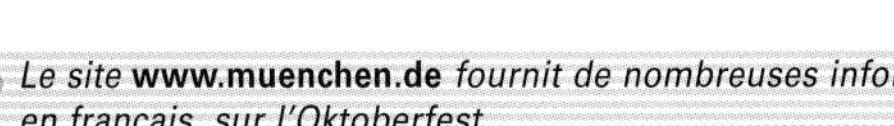

Le site **www.muenchen.de** *fournit de nombreuses informations, en français, sur l'Oktoberfest.*

TOP 10 Biergarten

C'est dans un Biergarten *(littéralement « jardin à bière ») que les Bavarois aiment le plus se désaltérer en été, une saison qui commence officieusement en mars, quand les brasseries mettent en vente leurs* Böcke*, des bières fortes aux noms évocateurs : Salvator, Maximator, Triumphator... Si vous séjournez à Munich aux beaux jours, passez un moment sur un banc en bois, à l'ombre de châtaigniers, à siroter un* Mass *d'Augustiner, de Löwenbräu ou de Paulaner, accompagné de saucisses ou de poisson grillés.*

Les serveuses bavaroises portent de lourds plateaux

Toutes les brasseries en plein air servent aussi des boissons non alcoolisées.

Les *Biergarten* possèdent une zone de service complet, et une zone self-service, où il est possible d'apporter son pique-nique.

- *En général, t.l.j. de mi-mai à fin sept. 10h-23h. Dernière commande 22h30.*
- *Il est recommandé d'utiliser les transports publics pour se rendre dans un* Biergarten.

À ne pas manquer

1. Augustiner-Keller
2. Löwenbräukeller
3. Flaucher
4. Hirschgarten
5. Chinesischer Turm
6. Seehaus
7. Sankt-Emmerams-Mühle
8. Paulaner
9. Biergarten Muffathalle
10. Hofbräukeller

1 Augustiner-Keller

Ce vaste établissement ombragé par des châtaigniers existe depuis le XIXe s. Il est situé près d'un ancien lieu d'exécution. Deux cents tables décorées *(ci-dessus)* sont destinées aux habitués. Ne manquez pas la cuvée d'Augustiner, tirée directement de fûts en bois. *Arnulfstr. 52 • 5 000 places (2 500 en service complet) • aire de jeux.*

2 Löwenbräukeller

Le bâtiment historique, sur Stiglmaier-platz sert de cadre à des bals et à la cérémonie de mise en perce du premier tonneau de Triumphator (bière brune Löwenbräu). *Stiglmaierplatz • 1 000 places.*

3 Flaucher

Il règne une atmosphère de jardin public dans ce charmant *Biergarten*, au bord de l'Isar. Fréquenté à midi par des cyclistes, des joueurs de volley-ball et des familles, il baigne le soir dans la lueur chaude des bougies. *Isarauen 8 • 1 700 places • grande aire de jeux.*

4 Hirschgarten

La plus grande brasserie en plein air de Munich s'étend près du Schloss Nymphenburg. Il doit son nom, ainsi que le décor du tonneau d'où coule l'Augustiner, aux cerfs gardés dans un enclos. *Hirschgarten 1 • 8000 places • aire de jeux*

Il existe plus de 100 Biergarten *à Munich et dans ses environs. Leur capacité totale dépasse 100 000 places.*

5 Chinesischer Turm

Un orchestre de uivres s'installe le veek-end au 2e étage le la tour chinoise le l'Englischer Garten *à droite)*, un lieu ipprécié des étudiants. *Englischer Garten • 7000 places • aire de jeux et manège de chevaux le bois à proximité.*

9 Biergarten Muffathalle

Le plus récent des *Biergarten* munichois, où des parasols – et non les traditionnels châtaigniers – ombragent les tables, jouit d'une situation privilégiée au bord de l'Isar. La carte est variée et pleine de surprises. *Zellstr. 4 • 300 places.*

10 Hofbräukeller

Sur l'autre rive de l'Isar, à Haidhausen, le site de l'ancienne brasserie Hofbräu et de sa cave à bière est ouvert au public depuis 1892 *(ci-dessous)*. La couverture de feuillage est si dense qu'elle protège aussi de la pluie. *Innere Wiener Str. 19 • 1 700 places (400 en service complet) • aire de jeux.*

6 Seehaus

Au centre de 'Englischer Garten, sur la rive d'un petit lac, la Seehaus joue en terrasse la carte de l'élégance. Sa brasserie en plein air, à l'ambiance intime, est charmante *(ci-dessus)*. *Englischer Garten • 2600 places (400 en terrasse) • aire de jeux, location de barques sur le lac.*

7 Sankt-Emmerams-Mühle

Cet établissement champêtre est en vogue. *St. Emmeram 41 • 700 places et 450 en self-service • aire de jeux.*

8 Paulaner

Cette brasserie *(à gauche)*, située sur le Nockherberg, est très réputée pour sa bière. En mars, elle organise la cérémonie de mise en perce de la Salvator, qui réunit des hommes politiques. Ceux-ci boivent des bocks et doivent endurer les critiques de « frère Barnabé » *(p. 50)*. *Hochstr. 77 • 2500 places • pavillon historique dans le jardin • aire de jeux.*

La bière bavaroise et l'édit de Pureté

De très anciennes brasseries restent en activité à Munich. Les habitants de la ville choisissent souvent les tavernes et les *Biergarten* pour leurs bières plutôt que pour leur situation ou le choix de plats proposés. Toutes se doivent de respecter l'édit de Pureté, promulgué en 1516 par le duc Guillaume IV – elles doivent être fabriquées uniquement à partir de malt, de houblon, de levure et d'eau, et ne contenir aucun additif.

Accompagnez votre grand bretzel de Radi *(radis), d'*Obazda *(camembert assaisonné) ou d'un* Steckerlfisch *(poisson grillé).*

TOP 10 Autour de la Marienplatz

Après avoir reçu ses privilèges municipaux de Henri le Lion en 1158, Munich s'est développée autour de la place Sainte-Marie, aujourd'hui dominée par le Neues Rathaus. La place, bordée de cafés et restaurants, attire des artistes de rue. C'est aussi là que se croisent les grandes lignes des transports publics Une zone piétonnière commence à son extrémité ouest. Les élégantes Weinstrasse puis Theatinerstrasse mènent au nord à la Feldherrnhalle et à la Theatinerkirche. Au sud de la Peterskirche s'étend le Viktualienmarkt.

Façade néogothique du Neues Rathaus

Cafés et restaurants abondent sur la place et aux alentours.

Les tours du Neues Rathaus et de la Peterskirche, ainsi que la tour sud de la Frauenkirche, offrent de belles vues.

- *métro : U3/U6 : Marienplatz, S-Bahn (RER) 1-8*
- *plan L4*
- ***Neues Rathaus** Marienplatz 8 ; tour : ouv. t.l.j. 10h-19h (nov.-avr. : lun.-ven. 10h-17h) www.muenchen.de*
- ***Frauenkirche** Frauenplatz 1 ; tour sud (entrée ouest, quelques marches jusqu'à l'ascenseur) : ouv. avr.-oct. : lun.-sam. 10h-17h ; EP 2 € (tarif réduit 1 €)*
- ***Peterskirche** Rindermarkt 1 ; tour : ouv. été : lun.-ven. 9h-19h, sam., dim. et j.f. 10h-19h ; hiver : lun.-ven. 9h-18h, sam., dim. et j.f. 10h-18h ; EP 1,50 €*
- *Les églises ne se visitent pas pendant les offices.*

À ne pas manquer

1. Marienplatz
2. Neues Rathaus
3. Altes Rathaus
4. Zone piétonne
5. Peterskirche
6. Frauenkirche
7. Asamkirche
8. Viktualienmarkt
9. Feldherrnhalle
10. Theatinerkirche

1 Marienplatz

Elle abrite une statue de la Vierge (1638) et la Fischbrunnen (fontaine aux Poissons) du XIXe s. *(au centre)*. Le mercredi des Cendres, le maire et les conseillers municipaux y lavent leurs portefeuilles… afin que les coffres de la ville restent pleins.

2 Neues Rathaus

Symbole de la cité, le Münchner Kindl (« moinillon de Munich ») domine le nouvel hôtel de ville néogothique, édifié entre 1867 et 1908. La tour de l'horloge renferme un carillon dont les figurines s'animent à 11 h, 12 h et, de mars à octobre, à 17 h.

3 Altes Rathaus

Occupé par un musée du Jouet, l'ancien hôtel de ville a connu de nombreux remaniements depuis sa construction, en 1464. De l'édifice originel subsiste seulement une salle en rez-de-chaussée.

4 Zone piétonne

Très appréciée des Munichois et animée, elle s'étend à l'ouest, de la Marienplatz jusqu'à la Karlsplatz. Admirez la Michaelskirche, une église de style Renaissance tardive.

5 Peterskirche

Au point culminant de la vieille ville, cette église paroissiale du XIIIe s. (à gauche) ménage une belle vue depuis son clocher, surnommé *Alter Peter* (« Vieux Pierre »).

6 Frauenkirche

Couronnée de dômes en bulbe, la cathédrale Notre-Dame, élevée de 1468 à 1488, est la plus grande basilique gothique d'Allemagne du Sud. Elle conserve le tombeau de Louis IV de Bavière, sculpté au début du XVIIe s. *(p. 40)*.

Plan de la Marienplatz

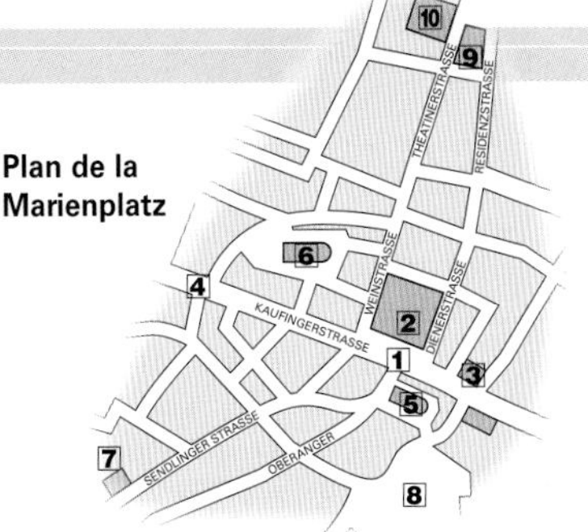

10 Theatinerkirche

La construction de l'église baroque des Théatins *(ci-dessus)* fut entreprise en 1663, pour fêter la naissance de Maximilien, l'héritier de l'électeur Ferdinand. En 1768, Cuvilliés donna à l'édifice sa façade rococo.

7 Asamkirche

Les frères Asam – le sculpteur et stucateur Egid Quirin et le peintre Cosmas Damian – aménagèrent ce petit sanctuaire privé entre 1733 et 1746. Ce joyau rococo possède une décoration intérieure aussi exubérante que raffinée *(ci-dessous)*.

8 Viktualienmarkt

Le « marché aux victuailles » existe depuis 1807, et ses quelque 140 stands proposent d'excellents produits *(ci-dessus)*.

9 Feldherrnhalle

F. von Gärtner s'inspira de la Loggia dei Lanzi, un bâtiment Renaissance de Florence, pour la construction de la « salle des Généraux en chef », dédiée aux héros militaires bavarois.

Münchner Kindl

Au sommet de la tour (80 m) de l'hôtel de ville, le « moinillon de Munich » serre l'évangile dans sa main gauche et lève la main droite en signe de bénédiction. Il rappelle les origines de la cité : des moines *(Mönche)* avaient fondé une abbaye sur ce site, au bord de l'Isar. Vêtu de jaune et de noir, les couleurs de la ville, il accompagne à cheval toutes les processions. Sa véritable identité sexuelle reste un mystère, mais ce sont toujours des femmes qui l'incarnent.

La Schrannenhalle, jadis située à l'extrémité sud du Viktualienmarkt, a été reconstruite.

TOP 10 Neuschwanstein et Louis II

Le plus ambitieux des projets de Louis II, qui commanda à la même époque la « maisonnette » néorococo de Linderhof et le Schloss Herrenchiemsee inspiré de Versailles, est une version idéalisée d'une forteresse de chevaliers. L'aménagement intérieur rend hommage à Wagner, dont le souverain fut l'admirateur et le mécène. Archétype du château de conte de fées, Neuschwanstein attire plus d'un million de visiteurs chaque année. Il offre un cadre plaisant à une excursion d'une journée.

Hohenschwangau, en dessous de Neuschwanstein

Le château abrite une cafétéria. Plusieurs restaurants sont installés non loin.

Visite guidée uniquement. Le billet indique le numéro de la visite et l'heure d'entrée.

- *Schwangau bei Füssen*
- *plan Q4*
- *Office de tourisme de Schwangau : (083 62) 81 980*
- *Château de Neuschwanstein : (083 62) 93 98 80 ; www.neuschwanstein.de*
- *billets au Ticketcenter Hohenschwangau : (083 62) 93 08 30*
- *ouv. : 23 mars-15 oct. : t.l.j. 9h-18h (billetterie 8h-17h) ; 16 oct.-22 mars t.l.j. 10h-16h (billetterie 9h-15h)*
- *f. 1er janv. ; Mardi gras ; 24, 25 et 31 déc.*
- *EP 12 € (tarif réduit 11 €) ; billet combiné avec Hohenschwangau 23 € (tarif réduit 21 €)*
- *visite pour handicapés en fauteuil mer. sur rés. par téléphone.*

À ne pas manquer

1. Château
2. Salle du Trône
3. Chambre
4. Chapelle
5. Bureau
6. Hall des Chanteurs
7. Grotte artificielle
8. Salle à manger
9. Jardin d'hiver
10. Hohenschwangau

1 Château

La construction de l'édifice commença en 1869. Le roi remania les plans jusqu'à sa mort, en 1886. Le portail d'entrée fut terminé en 1873, et le corps de bâtiment en 1884 *(au centre)*. Le donjon resta à l'état de projet.

2 Salle du Trône

Le style de cette vaste salle s'inspire de l'église de Tous-les-Saints de Munich et de la basilique Sainte-Sophie d'Istanbul. Le trône devait occuper la place normalement réservée à l'autel, dans l'abside *(ci-dessous)*.

3 Chambre

Quatorze sculpteurs travaillèrent pendant quatre ans aux boiseries gothiques. Celles du lit de Louis II évoquent une église. Les peintures murales illustrent des scènes de la légende de *Tristan et Iseult*.

4 Chapelle

Les peintures et les vitraux représentent des épisodes de la vie de Saint Louis, que Louis II prenait en modèle.

5 Bureau

L'opéra de Wagner *Tannhäuser* est le thème de la décoration peinte de cette pièce. Lohengrin, le chevalier au cygne, donne sa forme au plumier.

Le Museum der Bayerischen Könige (Hohenschwangau, Alpseestr. 27) retrace l'histoire de la dynastie Wittelsbach.

7 Grotte artificielle

Entre le salon et le bureau, les visiteurs empruntent un passage très romantique où coulait, à l'origine, une petite cascade *(à gauche)*. Au château de Linderhof, Louis II aimait méditer sur le lac artificiel créé dans la grotte de Vénus *(p. 30)*.

9 Jardin d'hiver

Attenant à la grotte, on peut y admirer la vue sur l'Allgäu *(ci-dessus)*, à travers une grande baie vitrée.

10 Hohenschwangau

Louis II passa une grand partie de son enfance dans ce château, remanié en 1832 dans le style néogothique à la demande de son père, Maximilien II. Les armoiries de Hohenschwangau comportent un cygne – souvent décrit comme le cygne de Lohengrin –, motif récurrent dans l'ornementation de Neuschwanstein.

6 Hall des Chanteurs

Des scènes tirées de la légende de Perceval et de sa quête du Graal ornent les murs du Sängersaal *(ci-dessous)*, copie du Festsaal de la Wartburg d'Eisenach, évoquée dans le *Tannhäuser* de Wagner.

8 Salle à manger

En général, le roi prenait ses repas seul dans cette pièce reliée par un monte-plats manuel à la cuisine, située trois étages plus bas. Les peintures murales s'inspirent des chansons des ménestrels.

Technologie moderne et amour du passé

Malgré sa fascination pour le Moyen Âge, Louis II bénéficiait dans son château de tout le confort de son époque : la cuisine était alimentée en eau chaude ; un chauffage central à air pulsé maintenait la température dans les pièces ; les cabinets d'aisance avaient une chasse d'eau ; un interphone servait à appeler les domestiques, et le téléphone permettait de relier les 3e et 4e étages.

Près de la gorge de Pöllat, Neuschwanstein se dresse sur le site de deux petits châteaux en ruine.

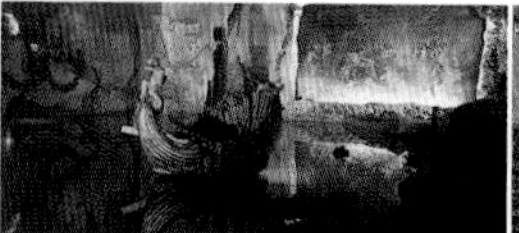

Gauche **Grotte de Linderhof** Centre **Parc de Linderhof** Droite **Pavillon de chasse du Schachen**

TOP 10 Linderhof et Herrenchiemsee

1 Château de Linderhof

Dans une vallée alpine où Maximilien II avait une réserve de chasse, Louis II fit aménager, entre 1868 et 1879, une charmante demeure néorococo au décor très travaillé.

2 Parc

Ce parc en terrasses, dessiné par Carl von Effner, s'inspire des jardins Renaissance des villas italiennes. Des parterres géométriques à la française encadrent le bassin central. Les éléments paysagés cèdent progressivement la place à la forêt de sapins et de hêtres.

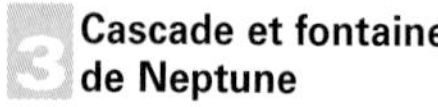

3 Cascade et fontaine de Neptune

Depuis le pavillon de musique, au nord du château, une cascade dévale 30 gradins bordés de deux haies de tilleuls taillés en voûte. Des statues symbolisent les quatre continents connus à l'époque. L'eau alimente la fontaine de Neptune, qui domine un parterre en fleurs de lys.

Schloss Herrenchiemsee

4 Grotte de Vénus

Inspirée du Hörselberg de l'opéra de Wagner *Tannhäuser*, la plus grande grotte artificielle d'Europe abrite un lac, que le roi parcourait en barque dorée.

5 Kiosque mauresque

En 1876, Louis II acquit le pavillon bâti par la Prusse pour l'Exposition universelle de 1867 qui eut lieu à Paris.

6 Chapelle

C'est la plus vieille construction du domaine (1668).

7 Schloss Herrenchiemsee

Sur une île du plus vaste lac de Bavière, Louis II entreprit, en 1878, l'édification d'un « château neuf », qu'il voulait à l'image de Versailles. Vingt pièces étaient achevées quand il dut arrêter les travaux par manque de fonds.

8 Musée du roi Louis II

Dans l'aile sud du château, documents et souvenirs retracent, dans douze pièces, la vie du souverain que les Bavarois ont surnommé « Kini ».

9 Galerie des Glaces

Longue de 90 m, elle dépasse, en taille, celle de Versailles. Les fresques du plafond témoignent de l'admiration que Louis II vouait à son glorieux homologue : le Roi-Soleil.

10 Jardins
Les jardins à la française, dont les jeux d'eau enchantent les visiteurs de mai à octobre, offrent une belle vue du château et du lac Chiemsee. Depuis le débarcadère, des calèches permettent de rejoindre le Schloss Herrenchiemsee.

Galerie des Glaces du Schloss Herrenchiemsee

La vie de Louis II

1. 25/8/1845 : naissance
2. 1864 : couronnement
3. 1864 : premières rencontres avec Wagner
4. 1866 : vaincu par les Prussiens
5. 1867 : fiançailles et rupture avec Sophie
6. 1869 : début de la construction de Neuschwanstein
7. 1870-1871 : guerre franco-prussienne
8. 1873 : achète la Herreninsel
9. 9/6/1886 : déclaré inapte à gouverner
10. 13/6/1886 : noyade dans le Starnberger See

Louis II et ses châteaux

Louis II (1865), F. von Piloty

La passion de « Kini » pour l'architecture se manifeste dès 1867. Louis II concentre d'abord ses efforts sur Munich, où il fait remanier ses appartements, mais il choisit ensuite la région de Hohenschwangau. Dès 1869, il entreprend la construction de Linderhof – le seul de ses châteaux achevé de son vivant –, puis de Neuschwanstein. L'édification du Schloss Herrenchiemsee – où il passera seulement neuf jours – débute en 1878. Louis II a aussi des projets pour sa capitale, dont une salle destinée à accueillir les opéras de Wagner (une version, plus petite, existe à Bayreuth depuis 1876). Endetté de 14 millions de marks, il est destitué le 9 juin 1886 et meurt quelques jours plus tard dans des circonstances mystérieuses.

Fontaine du grand bassin du parc de Linderhof

Site Internet du Schloss Herrenchiemsee : **www.herren-chiemsee.de**

10 Starnberger See

Le plus populaire des lacs de la région de Munich se trouve pratiquement à la sortie de la ville. Long de 21 km, large de 5 km et d'une profondeur maximale de 125 m, il permet de nombreuses activités, dont la baignade, la voile et la planche à voile. Des représentants de la noblesse bâtirent jadis leurs résidences d'été sur ses rives. L'impératrice Élisabeth (Sissi) venait se détendre à Possenhofen, tandis que son cousin Louis II se rendait à Berg. Une promenade en bateau à vapeur est le meilleur moyen de découvrir le rivage.

Bateau de la Bayerische Seenschifffahrt

Zum Häring (Midgardhaus), à Tutzing, donne directement sur le lac et sert de délicieux strudels (Midgardstr. 3-5, 081 58 12 16).

La « Weissblaue Flotte » propose plusieurs promenades à thème sur le lac.

• S-Bahn (RER) : Starnberg, Possenhofen, Feldafing, Tutzing S6
• plan S3
• www.starnberg.de
• Buchheim Museum : Bernried, Am Hirschgarten 1
• (081 58) 99 700,
• ouv. avr.-oct. : mar.-dim. 10h-18h ; nov.-mars : mar.-dim. 10h-17h
• www. buchheimmuseum.de
• EP 8,50 € (tarif réduit 4 €) ; EG moins de 6 ans
• Bayerische Seenschifffahrt : embarcadères à Starnberg, Bernried (Museumslinie), Berg, Tutzing ; croisières historiques, d'aventure et gastronomiques
• (081 51) 80 61
• www.seenschifffahrt.de

À ne pas manquer

1. Starnberg
2. Possenhofen
3. « Weissblaue Dampferflotte »
4. Roseninsel
5. Schloss Tutzing
6. Buchheim Museum
7. Seeshaupt
8. Schloss Ammerland
9. Schloss Berg
10. Croix à la mémoire de Louis II

1 Starnberg

Cet ancien village de pêcheurs a pris son essor à la fin du XIXe s. en tant que station de villégiature *(au centre)*. Les résidences bâties par les notables munichois rendent parfois difficile l'accès au lac. La promenade se prête à une agréable flânerie. Les joueurs de golf disposent d'un parcours à proximité.

2 Possenhofen

Le bourg possède une belle plage et de nombreuses villas anciennes. Élevé en 1536 et reconstruit au XVIIe s., le château, aux tours crénelées, servait de refuge à l'impératrice Élisabeth, Sissi.

3 « Weissblaue Dampferflotte »

La Bayerische Seenschifffahrt propose des croisières à thème. Ses navires assurent également des liaisons entre les villes côtières.

4 Roseninsel

La petite « île aux Roses », au large de Feldafing, était déjà peuplée à l'époque préhistorique. En 1853, Peter J. Lenné et Franz J. Kreuter bâtirent son casino. Le parc renferme une roseraie, aux parterres géométriques *(ci-dessous)*.

Le tour du lac, long de 55 km, peut être effectué à pied, en voiture ou à bicyclette.

5 Schloss Tutzing

Au sein d'un parc paysagé, ce palais, en forme de fer à cheval, abrite l'Académie protestante *(à droite)*. Depuis la gare de Tutzing, un court trajet à pied mène à l'Ilkahöhe *(p. 70)* et au restaurant du même nom. Par temps clair, la vue des Alpes est superbe.

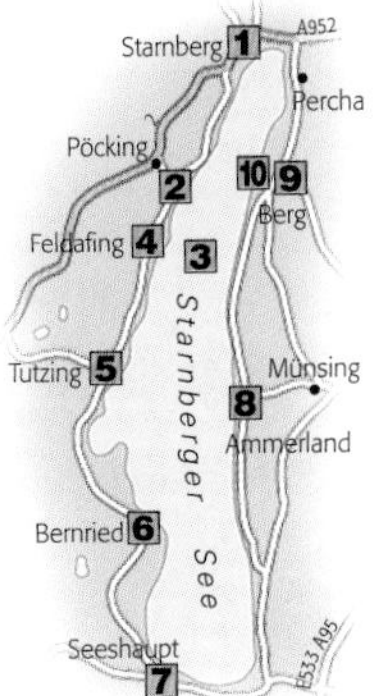

Starnberger See

9 Schloss Berg

La ville où naquit l'auteur Oskar Maria Graf conserve une ancienne résidence d'été de la dynastie des Wittelsbach. Louis II y fut brièvement interné après sa déposition, en 1886.

10 Croix à la mémoire de Louis II

Sur la rive, une croix marque l'endroit où le corps du souverain fut retrouvé. Des admirateurs de « Kini » s'y réunissent à la date anniversaire de sa mort.

6 Buchheim Museum

Installé dans un parc au nord de Bernried, le musée Buchheim présente une riche collection de peintures expressionnistes et d'objets d'art populaire, des masques africains et 3 000 presse-papiers en verre, entre autres.

7 Seeshaupt

À la pointe sud du Starnberger See, et en bordure de la réserve naturelle des Osterseen (19 petits lacs). Doté d'une charmante promenade au bord de l'eau, Seeshaupt a réussi à garder son caractère rural malgré les yachts à quai dans son port.

8 Schloss Ammerland

Cette demeure bâtie entre 1683 et 1685 est magnifiquement située sur la rive orientale du lac *(ci-dessous)*. Louis Ier la légua au musicien, écrivain et illustrateur Franz von Pocci.

La mort mystérieuse de Louis II

Accompagné de son médecin personnel, Bernhard von Gudden, un psychiatre réputé, Louis II partit en promenade le 13 juin 1886. Leurs corps furent retrouvés flottant sur le lac. Suicide, meurtre, hydrocution ? Leur décès reste inexpliqué. Comme il le souhaitait, Louis II est donc « resté un éternel mystère pour [lui-même] et pour les autres ».

Par beau temps, une montgolfière décolle de Starnberg-Landstetten. Renseignements : (081 57) 91 04.

Gauche **Othon Ier** Centre **Louis de Bavière** Droite **Hitler signant les accords de Munich**

TOP 10 Un peu d'histoire

1 1158 : fondation de la ville

Entre 1157 et 1158, le Welf Henri le Lion fit démolir le vieux pont du Sel, sur l'Isar, pour établir un autre point de franchissement de la rivière un peu plus loin, au sud. Là, le village de Mönche se développa et devint une villégiature royale. L'empereur Frédéric Barberousse lui accorda le droit de tenir marché et de battre monnaie le 14 juin 1158, considéré comme le jour de naissance de la cité.

2 1240-1918 : dynastie des Wittelsbach

À partir de 1240, la famille des Wittelsbach, qui avait reçu la Bavière en 1180, joua un rôle majeur dans l'évolution de Munich. À l'origine simples ducs, ses membres accédèrent à la dignité électorale en 1648, puis royale en 1805. La cité doit à Louis Ier et à son fils Maximilien II ses édifices classiques. Le dernier membre de la dynastie, Louis III, dut s'exiler après la défaite de 1918.

3 1328 : Louis de Bavière devient empereur germanique

Élu roi des Romains en 1314, le duc Louis IV de Haute-Bavière prit la tête du Saint Empire romain germanique en 1328.

4 1442 : expulsion des Juifs

Après des pogroms survenus aux XIIIe et XIVe s., le duc Albert III ordonna, en 1442, le départ de tous les Juifs de Haute-Bavière. Munich resta sans communauté juive jusqu'au XVIIIe s.

5 1806 : capitale du royaume de Bavière

En redessinant l'Europe, Napoléon Ier agrandit considérablement l'électorat de Bavière et le transforma en royaume. Il donna au *Land* des frontières, qui ont peu varié depuis.

6 1848 : révolution de Mars – abdication de Louis Ier

Le soulèvement populaire qui imposa des réformes libérales dans de nombreux États allemands culmina, en 1848, à Munich, avec l'occupation de l'arsenal, le Zeughaus (qui abrite aujourd'hui le Stadtmuseum). Ayant perdu la confiance de la Cour (entre

Arbre généalogique des Wittelsbach

Les joyaux de la couronne du Saint Empire romain germanique restèrent à Munich de 1328 à 1350.

autres, à cause de sa liaison avec la danseuse Lola Montès), Louis Ier dut abdiquer en faveur de son fils Maximilien II.

7 1918-1919 : révolution de Novembre et Räterepublik

Dans la nuit du 7 au 8 novembre 1918, le socialiste Kurt Eisner proclama la fondation de l'« État libre de Bavière » depuis la Mathäserbräu (une colonne commémore l'événement dans le cinéma qui a remplacé la brasserie). L'instauration d'une *Räterepublik* (république des Conseils) suivit, et K. Eisner en prit la tête. Ce dernier fut assassiné par un monarchiste extrémiste le 21 février 1919. En mai, l'armée reprit le contrôle de la ville et finit d'écraser la révolte.

8 1935-1945 : « capitale du mouvement »

Le parti de Hitler, le NSDAP, s'est développé à partir d'une cellule née à Munich, ville où le futur dictateur tenta son premier coup d'État, le *Hitlerputsch*, en 1923. Hitler attribua à Munich le titre de « capitale du mouvement national-socialiste » après avoir pris le pouvoir, à Berlin, en 1933.

9 1962 : émeutes de Schwabing

Au cours de l'été 1962, d'inoffensifs artistes de rues servirent de catalyseurs à plusieurs jours d'affrontement entre de jeunes Munichois et la police. Ils amenèrent les autorités à remettre en question leur vision rigide du maintien de l'ordre.

10 1972 : Jeux olympiques

Les JO organisés en 1972 à Munich et dans ses environs prirent un tour tragique quand une prise d'otages coûta la vie à onze athlètes israéliens *(p. 19)*.

Personnalités

1 Frères Asam
Cosmas Damian (1686-1739) et Egid Quirin Asam (1692-1750) furent les maîtres du rococo bavarois.

2 Maximilien de Montgelas (1759-1838)
Cet homme d'État donna ses fondements institutionnels à la Bavière moderne.

3 Louis Ier (1786-1868)
Ce souverain dota Munich d'édifices prestigieux et y fit transférer l'université en 1823.

4 Lola Montès (1818-1861)
Selon la rumeur, la maîtresse de Louis Ier exerçait une grande influence sur lui.

5 Louis II (1845-1886)
« Kini » est entré dans l'histoire comme « roi des châteaux de conte de fées ».

6 Franz von Lenbach (1836-1904)
Le « prince peintre » eut une influence majeure sur la scène artistique munichoise.

7 Franz von Stuck (1863-1928)
La maison de ce cofondateur de la Sécession munichoise est devenue un musée *(p. 97)*.

8 Thomas Mann (1875-1955)
Le lauréat du prix Nobel de littérature quitta à jamais Munich en 1933.

9 Karl Valentin (1882-1948)
Cet acteur satirique connut un grand succès avec sa partenaire Liesl Karlstadt.

10 Hans Scholl (1918-1943) et Sophie Scholl (1921-1943)
Membres de La Rose blanche, un groupe de résistance à Hitler, ils furent tous deux dénoncés et exécutés.

Stattreisen München (089 544 042 30) propose des visites historiques de la cité : **www.stattreisen-muenchen.de**

Gauche et centre **Lenbachhaus, intérieur et jardin** Droite **Pièce de ferme, Nationalmuseum**

TOP 10 Musées

1 Quartier des musées – pinacothèques

L'Alte Pinakothek, la Neue Pinakothek et la Pinakothek der Moderne abritent de remarquables collections de peintures *(p. 14-17)*.

2 Deutsches Museum

Munich possède le plus grand musée du monde dédié aux sciences et aux technologies *(p. 8-11)*.

3 Bayerisches Nationalmuseum

Des sculptures gothiques aux crèches, les pièces de l'un des plus riches musées d'Art et de Traditions populaires d'Europe sont variées. *Prinzregentenstr. 3 • plan N3 • ouv. mar.-dim. 10h-17h (mar. jusqu'à 20h) • www.bayerisches-nationalmuseum.de • EP (dim. 1 €) • AH.*

4 Münchner Stadtmuseum

Ce musée municipal est divisé en sections consacrées, à l'histoire de la ville, aux poupées, à la photographie et au cinéma *(p. 54). St.-Jakobs Platz 1 • plan L5 • ouv. mar.-dim. 10h-18h • f. Mardi gras et certains j.f. • www.muenchner-stadtmuseum.de • EP ; EG moins de 18 ans • AH.*

Danseur Morris, Stadtmuseum

5 Glyptothek et Staatliche Antikensammlungen

La Glyptothèque expose des sculptures et des bas-reliefs grecs et romains, notamment des œuvres archaïques restaurées. La collection des Antiquités compte de splendides céramiques, bronzes et bijoux. *Königsplatz 1 et 3 • plan K2 et J3 • Glyptothek : ouv. mar.-dim. 10h-17h (jeu. 20h) • f. Mardi gras et certains j.f. • www.antike-am-koenigsplatz.mwn.de • EP (1 € le dim) • AH • Antikensammlung : ouv. mar.-dim. 10h-17h (mer. 20h) • EP (dim. 1 €).*

6 Städtische Galerie im Lenbachhaus

La galerie d'Art municipale installée dans la maison du peintre Franz von Lenbach est réputée pour ses peintures du mouvement du Cavalier bleu, dont les membres jetèrent les bases de l'art abstrait. Les pièces d'habitation offrent un aperçu du mode de vie bavarois. En 1994, un espace d'exposition (Kunstbau) a été ajouté. *Luisenstr. 33 • plan J2 • ouv. : mai-sept. : mar.-dim. 10h-20h (oct.-avr. 10h-18h) • www.lenbachhaus.de • EP.*

Façade néoclassique de la Glyptothek, sur la Königsplatz

L'autobus no100 s'arrête à la Villa Stuck, au Nationalmuseum, à la Sammlung Schack et à la Haus der Kunst.

Tournesols **(1887), de Vincent Van Gogh, Neue Pinakothek**

7 Jüdisches Museum

Le Musée juif propose un vaste panorama de l'histoire, de l'art et de la culture juifs. *St.-Jakobs-Platz 16 • plan L5 • ouv. mar.-sam. 10h-18h • EP.*

8 Museum Villa Stuck

La villa Art nouveau de l'artiste de la Sécession Franz von Stuck (1863-1928) abrite quelques-uns de ses tableaux. *Prinzregentenstr. 60 • plan P4 • ouv. mar.-dim. 11h-18h • www.villastuck.de • EP • AH.*

9 Haus der Kunst

La maison de l'Art (1932-1937), commandée par Adolf Hitler, accueille aujourd'hui des expositions temporaires. *Prinzregentenstr. 1 • plan M3-N3 • ouv. t.l.j. 10h-20h (jeu. jusqu'à 22h) • www.hausderkunst.de • EP.*

10 Staatliches Museum für Völkerkunde

Ce musée d'Ethnographie présente une collection riche et éclectique. *Maximilianstr. 42 • plan M4 • ouv. mar.-dim. 9h30-17h30 • f. certains j.f. • www.voelkerkunde-museum-muenchen.de • EP (dim. 1 €).*

Autres musées

1 Archäologische Staatssammlung

Collections préhistoriques, romaines et médiévales. *Lerchenfeldstr. 2 • plan N3.*

2 Staatliches Museum Ägyptischer Kunst

La Résidence abrite le musée national d'Art égyptien. *Gabelsbergerstr. 35 • plan J2.*

3 Deutsches Theatermuseum

Une exposition sur l'histoire du théâtre allemand et une grande bibliothèque spécialisée. *Galeriestr. 4a et 6 • plan M3.*

4 Paläontologisches Museum

Un fossile d'*Archaeopteryx bavarica* (dinosaure-oiseau) est le fleuron du Musée paléontologique. *Richard-Wagner-Str. 10 • plan J2.*

5 Valentin-Musäum

Des curiosités liées à Karl Valentin. Excellent café. *Isartor, Im Tal 50 • plan M5.*

6 Sammlung Schack

Les romantiques seront séduits par les œuvres des peintres allemands du XIXe s. *Prinzregentenstr. 9 • plan N3-P3.*

7 Alpines Museum

Tout sur les Alpes. *Praterinsel 5 • plan N5.*

8 Museum Brandhorst

Quelque 700 œuvres d'art contemporain : Andy Warhol, Damien Hirst... *Theresienstr. 35 • plan L2.*

9 Kunsthalle der Hypo-Kulturstiftung

De remarquables expositions d'art contemporain. *Theatinerstr. 8 • plan L4.*

10 Lothringer 13

C'est le haut lieu munichois de l'art multimédia. *Lothringer Str. 13 • plan G6.*

Beaucoup de musées possèdent une boutique et un café. À la Glyptothek, vous vous détendrez en compagnie d'un sphinx.

Gauche **Eisbach, Englischer Garten** Centre **Pavillon thaïlandais, Westpark** Droite **Botanischer Garten**

TOP 10 Parcs et jardins

1 Schloss Nymphenburg

Clos par un mur, le parc du château mesure 2 km de long sur 1,5 km de large. De pittoresques pavillons se nichent dans ses bosquets. Déclaré réserve naturelle, le parc protège 300 arbres anciens *(p. 12-13)*.

2 Englischer Garten

Ses 373 ha font du Jardin anglais le plus vaste espace vert urbain d'Allemagne. Aménagé en 1789 par Ludwig von Schell d'après un projet de l'Américain Benjamin Thompson, comte de Rumford (1753-1814), il est très apprécié en été. Des milliers de personnes prennent le soleil sur les immenses pelouses, flânent, courent, pédalent ou patinent sur les allées. On peut canoter sur Kleinhesseloher See, tandis que des surfers tentent leur chance contre le courant de l'Eisbach, près de la Haus der Kunst. Les *Biergarten (p. 24-25)* de la Chinesischer Turm, de la Seehaus, du Hirschau et du Aumeister permettent de se désaltérer. Au sommet d'une colline artificielle, un large panorama s'ouvre du Monopteros, pastiche de temple grec, datant de 1837. ✎ *Plan G4-H1.*

Le Monopteros de l'Englischer Garten

3 Botanischer Garten

Créé dans le parc du Schloss Nymphenburg en 1914, le Jardin botanique de Munich est l'un des plus riches du monde avec quelque 14 000 variétés de plantes originaires de toute la planète. Les serres invitent au voyage dans des paysages exotiques, jungle tropicale ou désert. ✎ *Plan A2 • ouv. avr. et sept. : 9h-18h ; mai-août : 9h-19h ; fév., mars et oct. : 9h-17h ; nov.-janv. : 9h-16h30 • EP.*

4 Westpark

Des collines artificielles, un grand lac, de petits étangs et des ruisseaux composent un paysage inspiré des Préalpes dans le « parc de l'Ouest », d'une superficie de 72 ha. Sa partie occidentale, achevée pour l'Exposition internationale d'horticulture de 1983, renferme des jardins chinois et japonais, une pagode népalaise et un pavillon sacré thaïlandais. Une scène, au bord du lac, accueille concerts, spectacles et projections. Pour se rafraîchir, les promeneurs disposent de deux *Biergarten* et de deux cafés. ✎ *Plan B6-C6.*

En hiver, patineurs et joueurs de curling se partagent le Kleinhesseloher See de l'Englischer Garten.

5 Hofgarten

De longues galeries d'arcades bordent deux côtés du jardin de la Cour, construit au XVIIe s. dans le style Renaissance contre le flanc nord de la Residenz *(p. 20)*. Tilleuls, érables et châtaigniers offrent une ombre bienvenue aux joueurs de pétanque. À la belle saison, les amateurs de tango se retrouvent le soir pour danser au temple de Diane, entouré de pelouses *(p. 21)*.

Temple de Diane, Hofgarten

6 Alter Botanischer Garten

Proche de la gare, l'ancien Jardin botanique est aujourd'hui un petit parc où l'on vient se reposer après une expédition shopping dans la zone piétonnière voisine. ✆ *Plan J3.*

7 Bavariapark

Aménagé sur ordre de Louis Ier et achevé en 1850, cet espace vert sépare la statue de Bavaria, dont il porte le nom, du Ruhmeshalle. Il s'étend à l'ouest sur la butte de la Theresienhöhe. Pendant l'Oktoberfest, il offre un cadre paisible où l'on peut se dégourdir les jambes et échapper au bruit et à la foule. ✆ *Plan D5.*

8 Luitpoldpark

Ce parc créé en 1911 à l'occasion du 90e anniversaire du prince régent Luitpold fut étendu en 1950 sur la Luitpoldhügel, une butte formée de gravats. Haute de 33 m, elle ménage une vue de la ville qui porte, par temps clair, jusqu'aux Alpes. La villa Bamberger Haus et sa galerie des caricatures est un lieu idéal pour se restaurer. ✆ *Plan F1.*

9 Hofgarten Schleissheim

Ce jardin de l'époque baroque, entre le Neues Schloss de Schleissheim et le Schloss Lustheim est l'un des rares à avoir conservé presque intact son aspect d'origine. En 1684, Enrico Zuccalli (1642-1724) lui donna sa disposition de base et ses canaux. À partir de 1715, Dominique Girard ajouta les parterres à la française et les jeux d'eau, rénovés en 1999, visibles devant le Neues Schloss. On lui doit aussi l'effet de perspective créé par l'axe principal.

✆ *Oberschleissheim, Neues Schloss.*

10 Rives de l'Isar (Isarauen) et roseraie

Les bords verdoyants de l'Isar constituent l'un des grands poumons verts de Munich. La roseraie se trouve au sud du Wittelsbacherbrücke, le « pont des Wittelsbach ». Elle renferme une riche collection d'arbres et arbustes exotiques, ainsi qu'un petit jardin pédagogique, planté de végétaux toxiques.

✆ *Plan E6 • ouv. été : t.l.j. 8h-20h ; hiver : t.l.j. 9h-16h.*

Fontaine de Neptune, Alter Botanischer Garten

Deux anciens cimetières arborés, l'Alter Nördlicher Friedhof et l'Alter Südlicher Friedhof, forment aussi des oasis de verdure.

Gauche **Tombeau de Louis IV, Frauenkirche** Centre **St. Maria in Ramersdorf** Droite **Frauenkirche**

TOP 10 Églises et lieux de culte

1 Frauenkirche

Les deux tours de la cathédrale Sainte-Marie (XVe s.), avec leurs dômes, confèrent à cette dernière une silhouette spécifique *(p. 27)*.

2 Asamkirche

L'église rococo des frères Asam *(p. 35)* est dédiée à saint Jean Népomucène, représenté sur des fresques du plafond *(p. 27)*.

3 Peterskirche et Alter Peter

La plus ancienne église paroissiale de Munich remonte au XIIIe s. Elle possède un maître-autel gothique, des fonts baptismaux baroques et des autels latéraux rococos. Trois cent deux marches mènent au sommet de sa tour Renaissance *(p. 26)*.

4 Ludwigskirche

Friedrich von Gärtner s'inspira du style roman lombard pour dessiner l'église Saint-Louis (1829-1843). L'immense fresque du *Jugement dernier* est du Nazaréen Peter von Cornelius. *Ludwigstr. 20 • plan M2 • ouv. t.l.j. 7h30-20h.*

Ludwigskirche, église néoromane

5 Michaelskirche

L'église Saint-Michel (1583) est le plus grand édifice religieux de style Renaissance tardive situé au nord des Alpes. Elle possède la plus vaste voûte en berceau, après celle de Saint-Pierre de Rome. La crypte contient les sarcophages de l'électeur Maximilien Ier et du roi Louis II. Le bronze de saint Michel terrassant le dragon date de 1585. *Neuhauser Str. 6 • plan K4 • ouv. lun.-ven. 10h-19h, mar., jeu. et sam. 8h-19h, dim. 7h-22h15.*

Putto, Asamkirche

6 Theatinerkirche

La plus italianisante des églises de Munich, officiellement dédiée à saint Gaëtan, est un superbe exemple d'architecture baroque *(p. 27)*.

7 Klosterkirche St. Anna

Le premier sanctuaire rococo a été bâti par Johann Michael Fischer entre 1727 et 1733 dans le quartier de Lehel. Des messes en français y sont célébrées dans un décor des frères Asam. La construction de l'église voisine, néoromane, commença en 1887. *St.-Anna-Platz 21 ou 5 • plan M4 et N4 • ouv. t.l.j. 6h-19h ou 8h-18h.*

Il est préférable de ne pas visiter les lieux de culte pendant les offices.

Maître-autel, Asamkirche

8 Heiliggeistkirche

Une basilique gothique a remplacé, en 1392, l'église de l'hospice du Saint-Esprit. Remanié en 1724 dans le style baroque, le sanctuaire renferme des fresques et des stucs des frères Asam. *Im Tal 77 • plan L5 • ouv. t.l.j. 7h-12h et 15h-18h.*

9 Damenstift St. Anna

L'ancien couvent de l'ordre des Salésiens est devenu un lieu d'enseignement. Les frères Asam dessinèrent, à la fin du XVIIIe s., la façade et l'intérieur de son église, de style baroque tardif. Les fresques détruites pendant la Seconde Guerre mondiale ont été reconstituées en sépia. *Damenstiftstr. 1 • plan K4 • ouv. t.l.j. 8h-20h.*

10 Synagogue Ohel-Jakob

La synagogue de Munich a été inaugurée en 2006, 68 ans après que Hitler eut ordonné la destruction de la précédente. En forme de cube, cette imposante construction en pierre est surmontée d'un toit en verre. La synagogue fait partie du Centre juif sur la Sankt-Jakobs-Platz *(p. 80)*. *St.-Jakobs-Platz • plan K5.*

Autres lieux de culte

1 Dreifaltigkeitskirche
De superbes fresques des frères Asam ornent le plafond de cette église rococo (1711-1716). *Pacellistr. 6 • plan K4.*

2 Salvatorkirche
Ce sanctuaire orthodoxe grec (1494), attenant à la Frauenkirche, est de style gothique bavarois. *Salvatorplatz 17 • plan L3.*

3 St. Paul
La basilique édifiée entre 1892 et 1906 s'inspire du style gothique rhénan. *St.-Pauls-Platz 11 • plan E5.*

4 St. Bonifaz
Louis Ier repose dans la crypte de ce sanctuaire bénédictin (1835-1850). *Karlstr. 34 • plan K3.*

5 St. Elisabeth
Ignaz Günther dessina le mobilier de cette église rococo (v. 1760). *Mathildenstr. 10 • plan J5.*

6 Allerheiligen am Kreuz
Bien qu'en partie baroque, l'édifice remonte à 1478. *Kreuzstr. 10 • plan K5.*

7 St. Lukas
Ce temple protestant accueille des concerts. *Mariannenplatz 3 • plan N5.*

8 St. Georg
De nombreux artistes reposent dans le cimetière de cette église de village rococo. *Bogenhauser Kirchplatz 1.*

9 St. Michael in Berg am Laim
Cette ancienne église de Cour est de style rococo bavarois. *Clemens-August-Str. 9a.*

10 St. Maria Ramersdorf
Ce lieu de pèlerinage de la fin du gothique possède un intérieur baroque. *Aribonenstr. 9.*

Parmi les artistes inhumés au cimetière Saint-Georges se trouvent Liesl Karstadt, Erich Kästner, Oskar Maria Graf et Rainer Werner Fassbinder.

Gauche et centre **Münchner Kammerspiele, intérieur et façade** Droite **Cuvilliés-Theater**

TOP 10 Opéra, théâtres et concerts

1 Bayerische Staatsoper

Édifié en 1811, le bâtiment néoclassique qui abrite l'Opéra national bavarois dut être reconstruit entre 1823 et 1825, après un incendie. Il devint l'un des hauts lieux européens de l'art lyrique sous le règne de Louis II, mécène de Richard Wagner – quatre de ses opéras furent créés dans la salle. Endommagé pendant la Seconde Guerre mondiale, l'Opéra ne rouvrit qu'en 1963.

Max-Joseph-Platz 2 • plan L4 • (089) 21 85 01 • www.staatsoper.de

2 Bayerisches Staatsschauspiel

À côté de l'Opéra, le Residenz Theater, siège du Théâtre national bavarois, qui gère aussi le Theater im Haus der Kunst, a ouvert ses portes en 1951. Sa façade austère cache un intérieur somptueux grâce à une restauration effectuée entre 1988 et 1991. Le directeur artistique, Martin Kušei, propose un programme très éclectique.

Max-Joseph-Platz 1 • plan L4 • (089) 21 85 01 • www.residenztheater.de

Bayerische Staatsoper

3 Cuvilliés-Theater

Le temps semble s'être arrêté dans cette splendide salle rococo, dont le mobilier et le décor furent mis en sécurité pendant la Seconde Guerre mondiale *(p. 20)*. Après une rénovation, il a rouvert en 2008 avec *Idoménée* de Mozart. Il accueille les créations du Bayerisches Staatstheater.

4 Münchner Kammerspiele

La compagnie théâtrale municipale occupe, depuis 1926, un édifice de 1901 dessiné par Richard Riemerschmid. Des dizaines de lampes en forme de boutons de fleur éclairent la salle de style Art nouveau. Les Kammerspiele se sont imposés avant guerre comme l'une des troupes majeures hors de Berlin en interprétant les œuvres d'auteurs d'avant-garde, comme Bertolt Brecht. Ils continuent de proposer un théâtre novateur.

Maximilianstr. 28 • plan M4 • (089) 23 39 66 00 • www.muenchner-kammerspiele.de

5 Staatstheater am Gärtnerplatz

Cette salle intime créée en 1865 pour un public bourgeois reste très appréciée des amateurs d'opéras, d'opérettes et de comédies musicales, dont

Un site Internet permet de réserver des places dans les théâtres nationaux : ***www.staatstheater-tickets.bayern.de***

les mises en scène restent traditionnelles. ✆ *Gärtnerplatz 3 • plan L6 • (089) 21 85 19 60 • f. pour rénovation jusqu'en 2015 • www.staatstheateramgaertnerplatz.de*

6 Gasteig

Ce centre culturel, installé dans un bâtiment en brique et en verre, a ouvert ses portes en 1985. Institution de la vie culturelle munichoise, il organise 1 800 manifestations par an, des concerts de l'orchestre philharmonique de Munich au Festival du film. ✆ *Rosenheimer Str. 5 • plan N6 • (089) 48 09 80 • www.gasteig.de*

7 Herkulessaal

Des ensembles comme le Symphonieorchester des Bayerischen Rundfunks, le Münchner Symphoniker et le Münchner Kammerorchester se produisent dans cette salle de 1 200 places de la Residenz. Ils jouent souvent à guichet fermé. ✆ *Residenzstr. 1 (entrée par le Hofgarten) • plan L3-M3 • (089) 29 06 71.*

8 Prinzregententheater

Édifié en 1901 pour servir de cadre à un festival Wagner, le théâtre du Prince Régent accueille des productions de l'Opéra national et de la

Gasteig

Bayerische Theaterakademie August Everding, une école de théâtre. ✆ *Prinzregentenplatz 12 • plan H4 • (089) 21 85 28 99 • www.prinzregententheater.de*

9 Münchner Volkstheater

Le Théâtre populaire munichois propose un programme étonnant et sophistiqué. ✆ *Brienner Str. 50 • plan J2 • (089) 523 46 55 • www.muenchner-volkstheater.de*

10 Deutsches Theater

Le principal lieu d'accueil des vedettes et des comédies musicales internationales, récemment rénové, se transforme en une étincelante salle de bal pendant le carnaval. ✆ *Schwanthalerstr. 13 • plan J4 • (089) 55 23 44 44 • www.deutsches-theater.de*

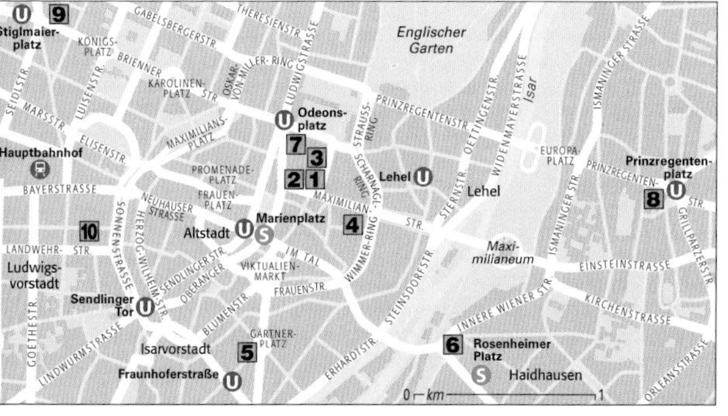

De nombreux théâtres ferment fin juillet. La nouvelle saison commence, en général, fin septembre.

Gauche **Pasinger Fabrik** Droite **Blutenburgtheater**

TOP 10 Petites salles et cabarets

1 Pasinger Fabrik

L'« Usine de Pasing », proche de la station de U-Bahn, abrite un centre culturel dont la plus grande salle est baptisée « Beaucoup de bruit pour rien ». Celui-ci propose de nombreuses activités aux enfants. Le restaurant sert une délicieuse cuisine. *München-Pasing, August-Exter-Str. 1 • (089) 82 92 90 79 • www.pasinger-fabrik.com*

2 Komödie im Bayerischen Hof

L'élégant et luxueux théâtre, dans le célèbre Bayerischen Hof, met à l'honneur la comédie et le music-hall, parfois interprétés par des acteurs renommés. *Promenadeplatz 6 • plan K4-L4 • (089) 291 616 33 • www.komodie-muenchen.de*

3 i-camp

Centre culturel, l'i-camp est une plate-forme pour une large variété d'expressions artistiques novatrices, dont le théâtre, la danse, la musique contemporaine, l'art vidéo, entre autres. *Entenbachstr. 37 • plan F6 • (089) 65 00 00 • www.i-camp-muenchen.de*

4 TamS-Theater

Ce « théâtre à fonction sociale » est situé à Schwabing, dans une cour intérieure. Fondé en 1970 par Philip Arp, il a bâti sa réputation sur les *Valentinaden,* qui revendiquent l'esprit satirique de Karl Valentin. *Haimhauserstr. 13a • plan G2 • (089) 34 58 90 • www.tamstheater.de*

5 Teamtheater

Cet établissement, fondé en 1985, possède deux salles. La Teamtheater Tankstelle, qui dispose de 100 places, accueille régulièrement des pièces et des conférences en français. La Teamtheater Comedy est un théâtre-restaurant. *Am Einlass 2a ou 4 • plan L5 • (089) 260 43 33 et 260 66 36 • www.teamtheater.de*

6 Schauburg

Le théâtre municipal pour la jeunesse occupe un ancien cinéma. Sa programmation comprend des spectacles de danse et des concerts. Elle s'adresse aussi aux adultes. *Elisabethplatz • plan F3 • (089) 23 33 71 55 • www.schauburg.net*

Façade du Schauburg

München Ticket permet d'acheter des places dans de nombreuses salles de spectacle : **www.muenchenticket.de**

Théâtre TamS

7 Blutenburgtheater

Le Blutenburgtheater, qui peut accueillir 90 spectateurs, a pour spécialité les pièces policières. *Blutenburgstr. 35 • plan D3 • (089) 123 43 00 • www.blutenburg-theater.de*

8 Metropol

Cet ancien cinéma des années 1950, transformé en théâtre en 1998, propose des productions de qualité, souvent du théâtre musical, dans une salle de 140 places. *München-Freimann, Floriansmühlstr. 5 • (089) 32 19 55 33 • www.metropoltheater.com*

9 Lach- und Schiess-gesellschaft

Le cabaret a acquis sa réputation dans les années 1950, sous la direction de Dieter Hildebrandt, et sa célébrité s'est accrue quand son fondateur est devenu une vedette du petit écran. L'équipe a changé mais le programme entretient la tradition en portant un regard ironique sur la politique. *Ursulastr. 9 (près de la Haimhauserstr.) • plan G2 • (089) 39 19 97 • www.lachundschiess.de*

10 Theater im Fraunhofer

Dans cette taverne, qui sert des plats bavarois, des musiciens et des humoristes se produisent sur une petite scène. *Fraunhoferstr. 9 • plan L4 • (089) 26 78 50 • www.fraunhofertheater.de*

Personnalités de la musique et du théâtre

1 Richard Strauss (1864-1949)

Le compositeur et chef d'orchestre est né à Munich.

2 Frank Wedekind (1864-1918)

Le dramaturge fonda, en 1896, le journal satirique radical *Simplicissimus*.

3 Otto Falckenberg (1873-1947)

Les Münchner Kammerspiele restèrent sous sa direction de 1917 à 1944.

4 Karl Valentin (1882-1948)

Ce comédien et auteur très populaire est souvent comparé à Charlie Chaplin.

5 Weiß Ferdl (1883-1949)

Ferdinand Weisheitinger dirigea le cabaret Am Platzl pendant 20 ans.

6 Liesl Karlstadt (1892-1960)

Elisabeth Wellano fut, pendant 25 ans, la partenaire de Karl Valentin.

7 Carl Orff (1895-1982)

Le compositeur munichois de *Carmina Burana* enseigna au conservatoire de musique.

8 Bertolt Brecht (1898-1956)

Le célèbre dramaturge, originaire d'Augsburg, commença sa carrière aux Münchner Kammerspiele.

9 August Everding (1928-1999)

Le directeur artistique du Staatsoper a dominé la scène musicale de la ville pendant des années.

10 Rainer Werner Fassbinder (1945-1982)

Le cinéaste *(p. 55)* fonda son « antithéâtre » en 1968 dans la capitale bavaroise.

Vous trouverez des programmes à jour dans les quotidiens et sur les colonnes d'affichage.

münchener
biennale

Gauche **Nationaltheater** Droite **Logo de la biennale de Munich**

TOP 10 Festivals et manifestations en plein air

1 Münchener Biennale

Le compositeur Hans Werner Henze fonda, en 1988, ce festival international du nouveau théâtre musical, qui est devenu un des temps forts de la vie culturelle de la cité. Ses organisateurs donnent à de jeunes talents les moyens de concrétiser leurs projets.

Deux semaines en mai les années paires

• *www.muenchener_biennale.de*

2 Blade Nights

Les « Nuits des lames », organisées entre mai et septembre, réunissent jusqu'à 30 000 patineurs en ligne. Tous les lundis soir, un itinéraire d'environ 15 km est réservé à la circulation des patineurs.

Mai-sept. : tous les lundis

• *www.aok-bladenight.de*

3 Filmfest München

Moins important que son homologue de Berlin, le Festival du film de Munich est réputé pour être une manifestation populaire. Il attire 1 500 professionnels nationaux et internationaux et plus de 600 journalistes. Il se déroule au Gasteig *(p. 43)*, mais des projections ont également lieu dans plusieurs cinémas de la ville, ainsi qu'en plein air, le soir.

Fin juin-déb. juil : 9 jours

• *www.filmfest-muenchen.de*

4 Tollwood

Né en 1988 de l'initiative de professionnels du café-théâtre, ce festival culturel propose un programme éclectique de musique, de théâtre et de performances artistiques. On peut y goûter toutes les cuisines du monde. *Festival d'été (juin-juil.) dans le sud de l'Olympiapark ; Festival d'hiver (nov.-31 déc.) sur la Theresienwiese*

• *www.tollwood.de*

Lion Löwenbräu, Oktoberfest

5 Opern-Festspiele

Les premières des quatre opéras de Wagner et un festival consacré à Mozart ont fait de Munich un grand pôle musical sous Louis II. En 1910 est née la Semaine Richard Strauss, tradition qui a débouché sur l'Opern-Festspiele, un festival d'opéra qui présente des œuvres classiques et contemporaines et des spectacles en plein air.

Fin juin-fin juillet • *www.bayerische.staatsoper.de*

Projection en plein air pendant le Festival du film

Lors de la Münchner Bücherschau (nov.-déc.), le public peut découvrir la bibliothèque du Gasteig et assister à des conférences.

6 Königsplatz Open Air

Le cadre majestueux et les pelouses de la place Royale se prêtent particulièrement bien à diverses manifestations en plein air comme les opéras, les concerts classiques, de rock ou de variété et les projections de films. *Juil.* • *www.kinoopenair.de*

7 THEATRON MusikSommer et PfingstOpenAir

Selon le *Guinness des Records*, le MusikSommer est le plus long festival en plein air au monde. Il propose 24 jours d'animation musicale, du classique au rock, à l'Olympiapark. Le festival PfingstOpenAir se tient en mai.
Août et fin mai • *www.theatron.de*

8 Oktoberfest

Plus de 6 millions de personnes font chaque année le pèlerinage jusqu'au champ de foire, où se déroule la plus grande fête populaire du monde. Pendant 16 ou 17 jours, de mi-septembre à début octobre, la bière coule à flots *(p. 22-23)*.

9 Dance

Fruit d'une collaboration entre la municipalité de Munich et plusieurs partenaires locaux et internationaux, ce festival de danse contemporaine présente des productions souvent pluridisciplinaires et presque toujours surprenantes.
Fin oct.-déb. nov. les années paires, prochain en 2014 • *www.muenchen.de*

10 SpielArt

« Fenêtre sur le monde du théâtre », SpielArt présente, dans plusieurs salles, des créations d'origines très variées. Leur point commun est de s'interroger sur l'existence.
Mi-nov.-déb. déc., les années impaires, prochain en 2013 • *www.spielart.org*

Autres manifestations

1 Semaine du Ballet

Spectacles du Ballet national et de compagnies invitées. *Mi-avr.* • *www.bayerische.staatsoper.de*

2 Frühlingsfest

La petite sœur de l'Oktoberfest se déroule également sur la Theresienwiese mais au printemps. *Mi-avr.-déb. mai.*

3 Internationales Dokumentar-filmfestival

Festival du documentaire et du film. *Mai* • *www.dokfest-muenchen.de*

4 Stadtgründungsfest

La « fête de la Fondation de la ville » donne lieu à des manifestations culturelles entre la Marienplatz et l'Odeonsplatz. *2e week-end de juin.*

5 Brunnenhofkonzerte

Les soirs d'été, la Brunnenhof de la Residenz accueille des concerts gratuits et éclectiques. *Juil.* • *www.muenchen.de*

6 Krimifestival

Il réunit des auteurs nationaux et internationaux de romans policiers. *Mars* • *www.krimifestival-muenchen.de*

7 Christopher-Street-Day

Grande parade homosexuelle. *Juil.* • *www.muenchen.gay-web.de/csd*

8 Fantasy Filmfest

Pour les amateurs de films de genre. *Sept.* • *www.fantasyfilmfest.com*

9 Comic Festival

Quatre jours consacrés à la bande dessinée. *Juin, années impaires* • *www.comicfestival-muenchen.de*

10 Lange Nächte

Plusieurs « Longues Nuits » culturelles ont lieu dans la ville. *www.muenchen.de*

Pages suivantes **Karlsplatz et Justizpalast (ministère de la Justice)**

Gauche **Hofbräuhaus** Centre **Augustinerbräu** Droite **Weisses Bräuhaus**

TOP 10 Tavernes traditionnelles

1 Hofbräuhaus

Une visite de Munich ne saurait être complète sans une pause dans cette vénérable brasserie *(p. 80)*, quintessence touristique du débit de boissons bavarois. Des orchestres traditionnels y jouent à midi et à 1 h, et la population locale elle-même se laisse séduire. *Am Platzl 9 • plan M4 • (089) 22 01 36 100 • www.hofbraeuhaus.de*

2 Augustinerbräu

Un édifice historique achevé en 1897 renferme une brasserie, un restaurant et des salles pour banquets au décor recherché, dont la Muschelsaal, parée de coquillages. En été, vous pourrez aussi vous installer sur la terrasse de la zone piétonnière ou dans la splendide Arkadenhof. *Neuhauser Str. 27 • plan K4 • (089) 23 18 32 57 • www.augustiner-restaurant.com*

3 Löwenbräukeller

La cave Löwenbräu domine, depuis 1883, une place animée située à courte distance du centre, la Stiglmaierplatz. Le lion en pierre, choisi comme symbole par la brasserie, domine l'entrée du bâtiment. Celui-ci abrite plusieurs salles, dont une de bal. Le lieu est réputé pour son *Biergarten (p. 24)*. Au mois de mars, la mise en perce du premier fût de Triumphator marque le début de la « cinquième saison », celle de la bière Bock. *Stiglmaierplatz • plan E4 • (089) 54 72 66 90 • www.loewenbraeukeller.com*

4 Weisses Bräuhaus

C'est l'endroit pour déguster des spécialités locales, comme la *Pfannkuchensuppe* (bouillon de poulet garni de lanières de crêpes), la *G'schwollene* (saucisse de veau frite) et le *Schweinebraten* (rôti de porc). En général, les habitués accompagnent ces plats bon marché d'une bière blanche à base de froment, comme la Schneider Weisse. *Im Tal 7 • plan L4 • (089) 29 01 38 0 • www.weisses-brauhaus.de*

5 Nockherberg

Dévasté en 1999 par un incendie, ce temple de la bière Paulaner, dominant l'Isar, a rouvert en 2003. Depuis, les hommes politiques y reviennent subir les critiques ironiques de « frère Barnabé », un comique déguisé en moine, lors du « Derbleck'n », la mise en perce du premier tonneau de Salvator. Les agapes sont retransmises à la télévision. *Hochstr. 77 • plan G4 • (089) 45 99 13 0 • www.nockherberg.com*

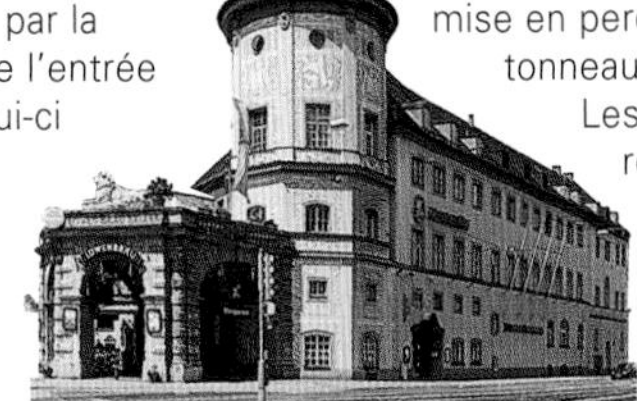

Löwenbräukeller, Stiglmaierplatz

Restaurants **p. 64-65, 85, 93, 103 et 111.**

L'Arkadenhof de l'Augustinerbräu

6 Beim Sedlmayr

Cette auberge rustique, fondée par le comédien Walter Sedlmayr, propose des spécialités bavaroises. *Westenriederstr. 14 • plan L5 • (089) 22 62 19.*

7 Franziskaner Fuchsenstuben

Cet établissement vieux de 200 ans a la réputation de servir les meilleurs *Weisswürste* (saucisses de veau) et *Leberkäse* (terrine de viande) de la ville. *Perusastr. 5 • plan L4 • (089) 23 18 12 0.*

8 Augustinerbräustuben

Il règne une authentique ambiance bavaroise dans les anciennes caves et écuries de la brasserie. Pendant l'Oktoberfest, on peut y admirer des chevaux de trait. *Landsberger Str. 19 • plan D4 • (089) 50 70 47.*

9 Fraunhofer

Elle attire de nombreux Munichois, étudiants et membres de la scène alternative. L'intérieur date du tournant du XIXe s. L'arrière-cour abrite une petite scène. *Fraunhoferstr. 9 • plan L6 • (089) 26 64 60.*

10 Paulaner Bräuhaus

La carte propose des plats de gibier, que les habitués accompagnent d'une chope de bière maison servie à la pression. *Kapuzinerplatz 5 • plan E6 • (089) 5 44 61 10.*

Bières munichoises

1 Augustiner

Les Augustins d'un monastère proche de la cathédrale ont commencé à brasser le « champagne des bières » en 1328.

2 Franziskaner Weissbier

Le groupe Spaten-Löwenbräu commercialise aujourd'hui la bière blanche que les franciscains de la Residenzstrasse produisirent dès 1363.

3 Paulaner

C'est en 1634 que les moines paulins commencèrent à fabriquer de la bière.

4 Löwenbräu

La brasserie Löwenbräu, dont les origines remontent à 1383, tient le haut du pavé à Munich depuis le XIXe s.

5 Hofbräu

Le duc Guillaume IV fonda sa propre brasserie en 1589. En 1607, celle-ci déménagea à Am Platzl, où se dresse l'Hofbräuhaus.

6 Spaten

L'entreprise créée au XIVe s. prit le nom de la famille Spatt au XVIe s.

7 Hacker-Pschorr

Brassée depuis 1417, la bière Hacker-Pschorr appartient aujourd'hui au groupe Paulaner.

8 Erdinger Weissbier

Cette bière blanche est l'une des plus réputées parmi les mille fabriquées en Bavière.

9 Ayinger

La bière est élevée au rang de philosophie dans la brasserie du village d'Aying.

10 Andechser

L'abbaye bénédictine bâtie sur la « montagne sacrée » est connue pour sa bière depuis le Moyen Âge.

L'Association des hôtels et restaurants bavarois possède un site Internet: **www.dehoga-bayern.de**

Gauche et centre **Viktualienmarkt** Droite **Éventaire**

TOP 10 Marchés et foires

1 Viktualienmarkt

L'ancien marché fermier créé en 1807 en plein centre-ville *(p. 27)* attire aujourd'hui une clientèle avertie. Du lundi au samedi, ses éventaires proposent des légumes et des fruits frais, de la viande, des œufs, du miel, des épices exotiques, des condiments et des fleurs. À la belle saison, un petit jardin à bière permet de se désaltérer en plein air. Les effigies de célébrités appartenant à l'histoire de la ville ornent les fontaines. *Plan L5.*

2 Markt am Elisabethplatz

L'Elisabethplatz du quartier de Schwabing fut baptisée en l'honneur de l'impératrice d'Autriche, plus connue sous le nom de Sissi. Depuis 1903, le deuxième plus grand marché de Munich s'y tient tous les jours sauf le dimanche. Parmi les produits vendus, on trouve, entre autres, du fromage et de nombreuses spécialités culinaires maison. On peut se détendre dans le petit café du marché, très agréable. *Plan F3.*

3 Markt am Wiener Platz

Beaucoup de téléfilms tournés dans la capitale bavaroise utilisent comme décor les étals à demeure de la Wiener Platz de Haidhausen. Les stands de restauration attirent les employés du quartier. *Plan P5.*

4 Grossmarkthalle

L'atmosphère dans les quatre grandes halles du marché de gros inauguré en 1912 est animée. Le bâtiment et ses alentours comptent d'excellents restaurants. Un nouveau bâtiment est prévu. *Thalkirchnerst. 81.*

5 Auer Dulten

Les célébrations religieuses organisées dans le quartier d'Au à partir du XIVe s. se sont transformées en fêtes populaires annuelles (*Dulten*), puis en foires commerciales de neuf jours. *Maidult* commence fin avril, *Jakobidult* débute le 25 juillet, et *Herbstdult*, à la fin octobre. L'air sent le poisson grillé, et les forains vantent les vertus de leurs marchandises : vaisselle, médications diverses et bric-à-brac. *Mariahilfplatz • plan F6-G6 • www. auerdult.de*

6 Antikmärkte

Des marchés à la brocante se tiennent dans les quartiers de Daglfing (Traberstrasse 1) et de Munich-Freimann (Zenith Halle, Lilienthalallee 29). On y trouve des merveilles : verres, argenterie, porcelaine, tableaux et meubles anciens. Un grand marché aux puces se tient aussi près de la Zenith Halle. *www.antikpalast-muenchen.de • www.flohmarkt-daglfing.de • www.muenchen.de*

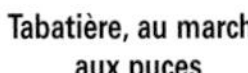

Tabatière, au marché aux puces

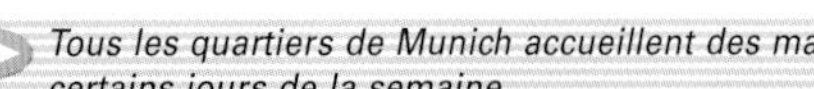

Tous les quartiers de Munich accueillent des marchés fermiers certains jours de la semaine.

Statue de Roider Jackl, Viktualienmarkt

7 Marchés aux puces

Le plus important marché aux puces de Bavière se tient sur le terrain de la Neue Messe (Alfons-Goppel-Strasse 3). Si vous vous trouvez à Munich en avril, ne manquez pas le grand déballage sur la Theresienwiese. *www.muenchen.de*

8 Produits d'occasion

Les objets d'occasion étant très en vogue, les boutiques « vintage » fleurissent à tout va. *Städtisches Gebrauchtwarenhaus, Sachsenstr. 25 • Diakonia Gebraucht-Warenhaus, Dachauer Str. 192, plan C1 • liste de boutiques sur www.muenchen.de/branchenbuch*

9 Weihnachtsmärkte

Les marchés de Noël entretiennent une vieille tradition. La Marienplatz accueille le plus grand, mais ceux de Schwabing et de Haidhausen dégagent une atmosphère plus authentique. *Marienplatz, plan L4 • Münchner Freiheit, plan G2 • Weissenburger Platz, plan P6.*

10 Magdalenenfest

Foire et marché en juillet, lors de la fête de sainte Mary Magdalene. *Hirschgarten • plan B4.*

Célébrités munichoises

1 Julius Thannhauser (1860-1921)

La renommée de ce bateleur de fête foraine s'est étendue bien au-delà de la cité.

2 Elise Aulinger (1881-1965)

Cette actrice de cinéma fut aussi une pionnière de la radio et la créatrice du personnage de *Ratschkathl*.

3 Hans Blädel (1871-1937)

Cordonnier de formation, il devint un virtuose de la musique populaire.

4 Minna Reverelli (1892-1941)

Née Hermina Knapp, elle s'imposa au Am Platzl comme la reine du *jodeln*.

5 Ratschkathl

L'artiste de cabaret Ida Schumacher (1894-1956) fut la meilleure *Ratschkathl*, célèbre employée de maison de théâtre, dont le nom signifie « langue de vipère ».

6 Roider Jackl (1906-1975)

Ce fils de fermier a bâti sa réputation sur sa maîtrise du *Gstanzln*, des rimes satiriques mises en musique.

7 Blasius

Sous ce pseudonyme, Sigi (Siegfried) Sommer (1914-1996) publia une chronique très populaire dans le *Münchner Abendzeitung*.

8 Bally Prell (1922-1982)

Ce ténor entretint la tradition des *Volkssänger*.

9 Walter Sedlmayr (1926-1990)

Il est surtout connu pour ses publicités pour Paulaner.

10 Helmut Fischer (1926-1997)

Il incarna Monaco Franze à la télévision.

Gauche **Affiche du Festival du documentaire** Centre **Cinéma Arri Kino** Droite **Cinéma Mathäser**

TOP 10 Le Hollywood bavarois

1 Geiselgasteig et Bavaria Filmstadt

Les studios de Geiselgasteig sont en activité depuis 1910. Ils ont servi de cadre, notamment, aux tournages de films d'Ingmar Bergman ainsi qu'à celui de Wolfgang Petersen, *L'Histoire sans fin*. Bavaria Filmstadt les fait découvrir au public dans le cadre d'une visite de 90 min.

Geiselgasteig, Bavariafilmplatz 7 • (089) 64 99 20 00 • ouv. t.l.j. 10h-17h • www.filmstadt.de

2 Filmfest München

Le Festival du film de Munich *(p. 46)*, créé en 1983, se déroule à la fin du mois de juin. Il propose plusieurs programmes répondant à des thèmes comme « Le nouveau cinéma allemand » ou encore « Les indépendants américains ». Le festival international des films d'école a lieu pendant six jours au mois de novembre.

www.filmfest-muenchen.de

Programme du Filmfest München de 2010

3 Université de télévision et cinéma de Munich (HFF)

Cette université, ouverte en 1967, compte Wim Wenders et Roland Emmerich parmi ses plus célèbres diplômés. Des films sont régulièrement projetés dans ses quatre salles de cinéma.

Bernd-Eichinger-platz 1 • (089) 68 95 70 • www.hff-muenchen.de

4 Münchner Filmmuseum im Stadtmuseum

La salle du musée du Cinéma a été rénovée et dotée d'équipements dernier cri en matière de projection tout format. Depuis 40 ans, elle présente des films étrangers, des films d'archives restaurés et des films muets, pour lesquels des musiciens assurent parfois, en direct, l'illustration sonore.

St.-Jakobs-Platz 1 • plan L5 • (089) 23 39 64 50 • AH.

5 Festival international du documentaire

Cette rencontre, créée en 1985 et organisée au mois de mai, privilégie les films, du monde entier, qui soulèvent des questions d'ordre politique et social. Les spectateurs ont l'occasion de débattre avec les réalisateurs. *(089) 51 39 97 88 • www.dokfest-muenchen.de*

Pour connaître les programmes des cinémas de Munich, consultez le site **www.artechock.de/film/index.htm**

6 Fantasy Filmfest

Deux cinémas organisent, en août et en septembre, ce festival du cinéma fantastique, de science-fiction et à suspense.
www.fantasyfilmfest.com

7 Mathäser

Ce temple du cinéma munichois est devenu un complexe multisalle ultramoderne. Il accueille souvent des avant-premières.
Bayerstr. 5 • plan J4 • (089) 51 56 51 • AH.

8 Arri Kino

L'Arri Kino projette des films d'art et d'essai, et des documentaires. Le bâtiment, apprécié des Berlinois, possède un grand hall d'entrée et un bar.
Türkenstr. 91 • plan L1 • (089) 38 89 96 64 • PAH.

9 Maxim

Dirigé par le cinéphile Sigi Daiber, le Maxim présente des films en version originale.
Landshuter Allee 33 • plan D3 • (089) 16 87 21 • AH.

10 Werkstattkino

Ce « cinéma-atelier », installé dans une arrière-cour, propose une programmation pointue. *Fraunhoferstr. 9 • plan L6 • (089) 2 60 72 50 • PAH.*

Cascade, Bavaria Filmstadt

Réalisateurs munichois

1 Percy Adlon (1935-)

Le succès de *Bagdad Café* lui a valu de partir travailler à Hollywood.

2 Herbert Achternbusch (1938-)

Achternbusch tourne des films dans la tradition de Karl Valentin *(p. 45)*. Le cinéaste est aussi dramaturge.

3 Michael Verhoeven (1938-)

Le mari de Senta Berger a réalisé, en 1982, *La Rose blanche*, sur Hans et Sophie Scholl *(p. 35)*.

4 Joseph Vilsmaier (1939-)

Son dernier succès, *Comedian Harmonists*, date de 1997.

5 Helmut Dietl (1944-)

Dietl a mis Munich en scène dans des séries télévisées comme *Kir Royal* (1985).

6 Rainer Werner Fassbinder (1945-1982)

Le prodige du nouveau cinéma allemand a dirigé plus de 40 films.

7 May Spils

L'esprit bohème de Schwabing donne le ton de *Zur Sache Schätzchen*, *« Venons-en au fait mon Trésor »*, sorti en 1967.

8 Doris Dörrie (1955-)

Réalisatrice et actrice, elle a connu le succès en 1985 avec *Männer (Hommes)*.

9 Caroline Link (1964-)

En 2002, elle a obtenu l'oscar du meilleur film étranger pour *Nowhere in Afrika*.

10 Florian Gallenberger (1972-)

En 2001, il a reçu un oscar pour son court-métrage *Quiero ser*.

Pages suivantes **Lenbachhaus**

Gauche et droite **Atomic Café** Centre **Pacha**

TOP 10 Vie nocturne

1 Atomic Café

La popularité de l'Atomic, au décor évoquant les années 1960, est constante depuis 1997. Le club accueille groupes et DJ. Lorsqu'il n'y a pas de concert, l'entrée est gratuite jusqu'à 23 h. *Neuturmstr. 5 • plan M4 • (089) 30 77 72 32 • ouv. mar.-sam. à partir de 22h.*

2 Pacha

Le Pacha diffuse de la house music et accueille les meilleurs DJ. Sa grande terrasse en fait l'un des plus beaux clubs de la ville. *Maximiliansplatz 5 • plan K3 • (089) 30 90 50 850 • ouv. jeu. 19h à l'aube, ven. et sam. 23h à l'aube • www.pacha-muenchen.com*

3 8 Seasons

Occupant une ancienne poste néogothique près de la Karlsplatz, cet édifice de plusieurs étages comprend une terrasse impressionnante, de hauts plafonds et un superbe hall. Une clientèle élégante danse sur la piste au son de la house. Il y a parfois de grands DJ internationaux. *Sonnenstr. 26 • plan J5 • (089) 24 29 44 44 • ouv. mar. à partir de 19h, ven. et sam. à partir de 22h • www.8-seasons.com*

4 Paradiso Tanzbar

Dans les locaux du légendaire Old Mrs.Henderson où Mick Jagger, David Bowie et Freddy Mercury dansèrent, ce club branché à la décoration rétro – chandeliers et immenses miroirs – fait bouger sa clientèle sur des tubes des années 1980. *Rumfordstr. 2 • plan M5 • (089) 26 34 69 • ouv. mar.-sam. à partir de 22h • www.paradiso-tanzbar.de*

5 Muffathalle

L'un des plus beaux lieux de la ville occupe une ancienne centrale de chauffage, juste derrière le Müller'sche Volksbad. Concerts, pièces de théâtre, spectacles de danse et conférences sont proposés. Soirées discothèque le vendredi et le samedi. *Zellstr. 4 • plan N5 • (089) 45 87 50 10 • www.muffatwerk.de*

Comptoir du café Muffathalle

6 P1

Les videurs se montrent extrêmement sélectifs à l'entrée de ce club, fréquenté par les joueurs de la grande équipe de football, le FC Bayern, entre autres célébrités. L'ambiance en semaine y est

***Remarque :** sauf mention spéciale, les lieux de concert et les clubs exigent un droit d'entrée.*

davantage celle d'un bar *lounge* que d'une boîte de nuit.
Prinzregentenstr. 1 • plan M3 • (089) 21 11 14 0 • ouv. t.l.j. (jusqu'à 4h sam.-jeu. ; plus tard ven. et sam.) • www.p1-club.de

7 Night Club (Bayerischer Hof)

De grands noms du jazz se produisent au Night Club Bar, un bar de nuit installé dans un hôtel de luxe *(p. 144)*. Musique soul et funk également.
Promenadeplatz 2-6 • plan K4-L4 • (089) 212 09 94 • ouv. t.l.j. 22h-3h • entrée parfois gratuite • www.bayerischerhof.de

8 Club Morizz

L'un des endroits les plus chic de Munich pour la communauté gay *(p. 62)*, mais aussi pour ceux qui aiment faire la fête toute la nuit.

9 Kultfabrik München

Cette vaste zone destinée aux loisirs est située dans le quartier de Haidhausen. Elle renferme plus de 30 bars, clubs et discothèques.
Grafinger Str. 6 • plan H6 • (089) 628 34 40 • www.kultfabrik.de

10 Optimolwerke

L'Optimolwerke, successeur du Kunstpark Ost, comprend dix clubs. *Friedenstr. 10 • plan H6 • (089) 45 06 920 • www.optimolwerke.de*

Concert au Night Club Bar

Bars et cafés animés

1 Café Glockenspiel

Ce lieu de rencontre pour les 30-40 ans dispose d'une terrasse chauffée.
Marienplatz 28 (prendre le passage, puis l'ascenseur jusqu'au 5e ét.) • plan L4.

2 Roxy

Café légendaire de Schwabing, le Roxy attire la jeunesse dorée de la ville.
Leopoldstr. 48 • plan G3.

3 Café Cord

Café, bar et restaurant de style rétro avec une jolie terrasse. *Sonnenstr. 19 • plan J4.*

4 Villa Flora

La Villa Flora et son jardin à bière attirent une clientèle qui aime s'amuser.
Hansastr. 44 • plan C5.

5 Sausalitos

L'ambiance mexicaine a surtout du succès auprès des jeunes Munichois.
Türkenstr. 50 • plan L1.

6 Rilano n° 6

Un bar de palace.
Ottostr. 6 • plan K3.

7 Polar Bar

La terrasse du toit de la Bayerischer Hof est prisée en hiver pour ses en-cas chauds et ses boissons.
Promenade-platz 2-6 • plan K4 • nov.-mars.

8 Baader Café

Les étudiants apprécient ses prix raisonnables.
Baaderstr. 47 • plan L6.

9 Vorstadt-Café

Un lieu plaisant du petit déjeuner au soir.
Türkenstr. 83 • plan L1.

10 Ksar Barclub

Un lieu chic pour débuter la soirée ou pour danser toute la nuit. *Müllerstr. 31 • plan K6.*

Gauche **Schumann's** Centre **Tambosi** Droite **Bar Centrale**

TOP 10 Bars et cafés

1 Schumann's

Le bar le plus chic de Munich, qui a ouvert en 1982, est maintenant situé dans le Hofgarten. La plupart des tables étant occupées par des habitués, il est indispensable de réserver à l'avance. Le steak-frites « Charles Schumann » est réputé. *Odeonsplatz 6 et 7 • plan L3 • ouv. t.l.j. • www.schumanns.de*

2 Velvet Bar

Ce bar américain classique, près d'Isartor, sert un grand choix de boissons originales. Son propriétaire, Stefan Leitner, travaillait avant au P1 et au Paradiso Tanzbar *(p. 58)*. Des soirées à thème sont parfois organisées. *Marienstr. 18 • plan M5 • 177 964 54 67 • ouv. mer.-sam. le soir.*

3 Hong Kong Bar

Vous siroterez une boisson exotique, au comptoir, long de 40 m, tout en vous imprégnant de l'atmosphère élégante du lieu. Les mets d'inspiration asiatique dominent la carte du restaurant, apprécié pour les tête-à-tête romantiques. *Kapuzinerstr. 39 • plan E6 • ouv. le soir.*

4 Julep's

Ici, briques et boiseries évoquent l'Amérique rustique. Les barmen maîtrisent quelque 200 recettes de cocktails, mais les clients qui le désirent peuvent se contenter de boire une bière directement à la bouteille debout au comptoir. Le restaurant sert des classiques d'outre-Atlantique, tex-mex notamment. *Breisacher Str. 18 • plan H5 • ouv. le soir.*

5 Pusser's

Ce bar de style américain, l'un des plus anciens de Munich, propose, dans un décor maritime, des cocktails à base de rhum, ainsi qu'une riche sélection de whiskys, de la Guinness et de l'Ayinger *(p. 51)*. Le sous-sol abrite un piano-bar. *Falkenturmstr. 9 (près de Platzl) • plan M4 • ouv. le soir • www.pussersbar.de*

6 Bar Centrale

La petite pièce de devant et les quelques tables sur le trottoir se prêtent surtout à la dégustation rapide d'un expresso. La décoration de la salle du fond rappelle les années 1960. La cuisine italienne et les cocktails sont excellents. Mieux vaut réserver avant de s'y rendre. *Ledererstr. 23 • plan L4 • www.bar-centrale.com*

Pusser's

Beaucoup de bars restent ouverts jusqu'à 3 h, au moins.

Café Luitpold

7 Tambosi

Ce vieux café donne à ses clients l'impresssion qu'ils sont revenus au XIXe s. Le service est assuré de 8 h jusqu'à 1 h. Le café, situé près de la Residenz, possède deux terrasses, l'une sur l'Odeonplatz, l'autre sous des tilleuls du Hofgarten. Nuit « dîner et opéra » de temps en temps. ⊗ *Odeonsplatz 18 • plan L3 • www.tambosi.de*

8 Café Ruffini

C'est une institution à Munich ! Les petits déjeuners sont délicieux ; le pain est fabriqué sur place. La terrasse sur le toit accueille des tables très prisées. Des concerts ainsi que des lectures sont organisés en soirée. ⊗ *Orffstr. 22-24 • plan D3 • ouv. mar.-dim.*

9 Café Luitpold

Cet établissement historique est réputé pour ses pâtisseries. Attention ! La cuisine ferme à 19 h. ⊗ *Brienner Str. 11 (Luitpoldblock) • plan L3 • ouv. t.l.j. • www.cafe-luitpold.de*

10 Café Frischhut

Les noctambules viennent ici pour se restaurer d'un *Schmalznudel* (beignet) dès 5 h du matin (un peu plus tard le dimanche). ⊗ *Prälat-Zistl-Str. 8 • plan L5 • ouv. lun.-sam.*

Bars et cafés accueillant des musiciens

1 Jazzbar Vogler

Excellent club de jazz et de blues. Conférences. ⊗ *Rumfordstr. 17 • plan L5.*

2 Waldwirtschaft Grosshesselohe

Ce restaurant possède un « JazzBiergarten ». ⊗ *Pullach-Grosshesselohe, Georg-Kalb-Str. 3 • (089) 74 99 40 30.*

3 Café am Beethovenplatz

Musique classique ou jazz dans le plus vieux café de Munich. ⊗ *Goethestr. 51 • plan E5.*

4 The Big Easy

Ce restaurant-bar très animé propose des brunchs jazzy, en hiver. ⊗ *Frundsbergstr. 46 • plan C3.*

5 Night Club

Ambiance feutrée dans ce bar en sous-sol de l'hôtel Bayerischer Hof, où l'on écoute du jazz *(p. 59).*

6 Podium

Une institution pour les concerts depuis 1980. ⊗ *Wagnerstr. 1 • plan G2.*

7 Unterfahrt

Ce bar, installé sous l'Einstein Kulturzentrum, accueille de grands noms du jazz. ⊗ *Einsteinstr. 42 • plan H5.*

8 Atomic Café

DJ et groupes se produisent dans ce club *(p. 58).*

9 Kaffee Giesing

Les concerts commencent à 20 h 30 dans cet établissement créé par le chanteur Konstantin Wecker. ⊗ *Bergstr. 5.*

10 Hofbräuhaus

La musique bavaroise est jouée tous les jours dans cette brasserie *(p. 50).*

Plusieurs musées possèdent d'agréables cafés, dont la Glyptothek, la Kunsthalle (Hypo-Kulturstiftung) et le Stadtmuseum.

Gauche **Deutsche Eiche** Centre **Bar du Club Morizz** Droite **Cybercafé Kr@ftAkt**

TOP 10 Gays et lesbiennes

1 Deutsche Eiche

Cet hôtel-restaurant, autrefois fréquenté par le réalisateur Rainer Fassbinder et ses amis, sert des spécialités bavaroises et internationales. À l'arrière du bâtiment, le sauna qui occupe quatre niveaux renferme, entre autres, un sauna et des salles de massage.
Reichenbachstr. 13 • plan L5 • (089) 23 11 66-0 • www.deutsche-eiche.de

2 Café im SUB

Le pub du centre associatif gay de Munich attire une foule nombreuse en fin de journée. L'atmosphère est chaleureuse – les serveurs, tous bénévoles, sont amicaux – et le style musical change tous les jours. On y trouve des informations en anglais sur tous les événements gays dans la capitale bavaroise. C'est le lieu idéal pour faire des rencontres à Munich.
Müllerstr. 43 • plan k5-L5 • (089) 230 3056 • ouv. t.l.j. jusqu'à 23h (minuit sam. et dim.).

Club Morizz *(p. 59)*

3 Café Nil

Ce fabuleux café et restaurant, l'un des premiers lieux gay de Munich, a rouvert après une rénovation complète. Le décor de style égyptien allie des tons grès et rouges. Boulettes de viande, corn-flakes avec des steak-frites et goulash figurent parmi les spécialités. Le café attire une clientèle d'âges variés. *Hans-Sachs-Str. 2 • plan L5 • (089) 23 88 95 95 • ouv. t.l.j. à partir de 15h • www.cafenil.com*

4 Bau

Le Bau pratique des prix modérés et s'affiche ouvertement comme le plus grand bar pour homos en jeans, en cuir, en uniforme et en latex de Munich. Les deux niveaux abritent des espaces très éclairés et des zones plus intimes. Soirées à thème. *Müllerstr. 41 • plan K6 • (089) 26 92 08 • www.bau-munich.de*

5 Café Glück

Autrefois lieu de rendez-vous de la communauté gay, le café Glück est maintenant fréquenté par une population mêlée. Son atmosphère détendue en fait un très bon endroit pour

SUB, le centre gay, situé Müllerstrasse, dispose aussi d'un café, voir plus haut.

prendre un café, déguster une pâtisserie l'après-midi ou faire un excellent repas le soir. ✆ *Palmstr. 4 • plan F6 • (089) 201 16 73.*

6 Moro

Cet ancien bar miteux s'est métamorphosé en un pub branché à l'intérieur rustique. Sur la carte voisinent des mets asiatiques, méditerranéens et bavarois, qui séduisent une clientèle aux mœurs sexuelles différentes. ✆ *Müllerstr. 3 • plan L5 • (089) 23 00 29 92 • www.moro-munich.com*

7 Kr@ftAkt

En été, le cybercafé, situé à la porte du quartier gay, au pied de la Sendlinger Tor, possède une agréable terrasse. Un public éclectique vient y déguster des cocktails et des plats simples à midi. Le soir, la fréquentation change pour devenir nettement à prédominance homo. ✆ *Thalkirchner Str. 4 • plan K5 • (089) 21 58 88 81 • www.kraftakt.com*

8 Pop Ass

Fondé en 1979, c'est l'un des plus anciens bars gay de Munich. La clientèle est jeune et élégante. Des soirées « chanson » ou cabaret sont organisées. ✆ *Thalkirchner Str. 12 • plan J6 • (089) 201 06 69 • ouv. t.l.j. à partir de 21h • www.pop-as.de*

9 Carmen's Lounge

Gays et lesbiennes se pressent sur la piste de danse bondée de ce night-club très populaire. Un espace

Bau *(p. 62)*

plus calme est réservé à ceux qui préfèrent discuter. Soirées à thème fréquentes – nuit des femmes ou autres. ✆ *Theklasrstr. 1 • (089) 223 000 496.*

10 NY. Club

Des DJ internationaux passent de la house dans ce club gay comprenant un café chic et une immense piste de danse. Le lieu est bondé le week-end. ✆ *Sonnenstr. 25 • plan K5 • (089) 62 23 21 52 • www.nyclub.de*

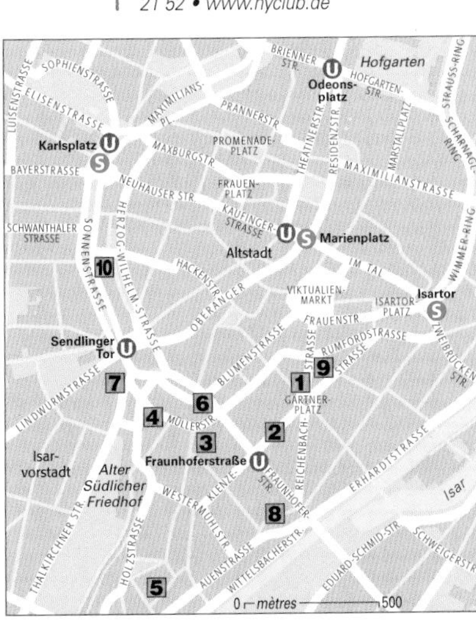

La librairie gay de Munich, Max und Milian, se trouve au nº 2 Ickstattstr. (089-2 60 33 20).

Gauche **Tantris** Centre **Entrée du Rilano n° 6** Droite **Königshof**

TOP 10 Restaurants gastronomiques

1 Tantris

Le restaurant de Hans Haas compte parmi les meilleurs du monde. Le *Gault et Millau* lui a accordé un 18/20, une note excellente. Le service et les conseils de trois sommeliers sont à la hauteur de cette très grande cuisine. *Johann-Fichte-Str. 7 • plan G1-G2 • (089) 36 19 59-0 • ouv. mar.-sam. 12h-15h et 18h30-1h • www.tantris.de • €€€€€.*

2 Königshof

L'élégant restaurant, situé au 2e étage du Königshof, se distingue par la qualité de ses mets et sa fantastique sélection de vins (plus de 800). *Karlsplatz 25 • plan J4 • (089) 55 13 60 • ouv. mar.-sam. • www.koenigshof-muenchen.de • €€€€€.*

3 Ederer

Le chef, Karl Ederer, n'utilise que des ingrédients biologiques. Les vastes salles d'une ancienne banque dans la galerie d'arcades Fünf Höfe offrent un cadre lumineux où déguster ses créations. On peut néanmoins leur préférer une terrasse en été. *Kardinal-Faulhaber-Str. 10 • plan L4 • (089) 24 23 13 10 • ouv. lun.-sam. • €€€€-€€€€€.*

Passerelle du défilé de mode du Rilano n° 6

4 Rilano n° 6

Le Rilano n° 6, ex-Lenbach, est installé dans le palais Bernheimer de la Lenbachplatz. Pour réaménager ce dernier, le designer britannique Sir Terence Conran a pris pour fil conducteur les sept péchés capitaux. Une passerelle de défilé de mode court au milieu de la salle à manger pour symboliser la vanité. Le restaurant, plusieurs fois primé, sert une cuisine gastronomique, appréciée des VIP comme Mick Jagger. *Ottostr. 6 • plan K3 • (089) 54 91 30-0 • ouv. mar.-sam. • www.lenbach.de • €€€€-€€€€€.*

5 Vinaiolo

Le Vinaiolo de Haidhausen évoque une herboristerie et tient à la fois de l'*osteria*, du bistro et de la vinothèque. Il sert une cuisine italienne inspirée. Négociant en vins, le patron en propose une sélection à prix raisonnables. *Steinstr. 42 • plan P6 • (089) 48 95 03 56 • ouv. lun.-ven. 12h-15h et 18h30-1h (sam.-lun. 18h30-1h) • www.vinaiolo.de • €€€-€€€€.*

6 Landersdorfer und Innerhofer

Hans Landersdorfer adapte avec imagination des spécialités qui enchanteront les palais les plus exigeants. Son pain de pommes de terre servi avec

Beaucoup de restaurants haut de gamme proposent des menus plus accessibles à midi. Catégories de prix **p. 85.**

Geisel's Vinothek de l'hôtel Excelsior

des amuse-gueules mérite amplement sa réputation. Robert Innerhofer est chargé de la cave. ✎ *Hackenstr. 6-8 • plan K5 • (089) 26 01 86 37 • ouv. lun.-sam. • €€€-€€€€.*

7 Master's Home

Un concept original : on peut prendre un verre dans l'une des trois pièces de la maison et savourer des plats italiens dans la belle salle à manger. ✎ *Frauenstr. 11 • plan L6 • (089) 22 99 09 • ouv. t.l.j. 18h-3h • €€€.*

8 Geisel's Vinothek

À l'hôtel Excelsior, vous aurez le choix entre 500 vins pour accompagner des spécialités raffinées. ✎ *Schützenstr. 11 • plan J4 • (089) 55 13 771 40 • ouv. t.l.j. 12h-1h (sam. à partir de 17h) • €€€.*

9 Südtiroler Stuben

Le temple de la gastronomie bavaroise du célèbre chef Alfred Schubeck sert une cuisine des Alpes raffinée. ✎ *Platz 8 • plan M4 • (089) 216 69 00 • ouv. lun. 18h-23h, mar.-sam. 12h-14h30 et 18h-23h • €€€€€.*

10 Rue des Halles

Ici, le décor ne paye pas de mine, mais la cuisine, française, est délicieuse. La mousse au chocolat est divine ! ✎ *Steinstr. 18 • plan P5 • (089) 48 56 75 • ouv. 18h-1h • €€€.*

Petits déjeuners tardifs et brunchs

1 Eisbach

Brunch dans un cadre lumineux. ✎ *Marstallplatz 3 • (089) 22 801 680.*

2 Ruffini

Petits déjeuners servis jusqu'à 16 h le week-end. ✎ *Orffstr. 22 • plan D3 • (089) 16 11 60.*

3 Vorstadt-Café

Un café, près de l'université, servant des petits déjeuners jusqu'à 16 h. ✎ *Türkenstr. 83 • plan L1 • (089) 44 43 92 50.*

4 Café im Volksbad

Petit déjeuner jusqu'à 17 h dans ce café Art nouveau du Müllersche Volksbad. Terrasse. ✎ *Rosenheimer Str. 1 • plan N5 • (089) 48 22 22.*

5 Café Voilà

Pour savourer un superbe petit déjeuner. ✎ *Worthstr. 5 • plan P5 • (089) 489 16 54.*

6 Café Neuhausen

Riche choix de petits déjeuners jusqu'à 16 h. ✎ *Blutenburgstr. 106 • plan D3 • (089) 18 97 55 70.*

7 Café Altschwabing

Petit déjeuner servi jusqu'à 17 h. ✎ *Schellingstr. 56 • plan L2 • (089) 273 10 22.*

8 Aroma-Kaffeebar

Petit déjeuner en buffet, cafés sélectionnés et gâteaux maison. ✎ *Pestalozzistr. 24 • plan K6 • (089) 26 94 92 49.*

9 Café am Beethovenplatz

Du jazz accompagne le brunch du dimanche. ✎ *Goethestr. 51 • plan E5 • (089) 552 91 00.*

10 Rothmund

Grand choix jusqu'à 15 h. Brunchs à thème le dimanche. Tables à l'extérieur. ✎ *Rothmundstr. 5 • plan J6 • (089) 53 50 15.*

Restaurants bon marché quartier par quartier **p. 50-51, 85, 103 et 111.**

Gauche **Fünf Höfe** Centre et droite **Boutiques sur la Maximilianstrasse**

TOP 10 Shopping

1 Zone piétonne

Dans le centre de Munich, le quartier réservé aux piétons s'étend le long de la Kaufingerstrasse et de la Neuhauser Strasse jusqu'à la Karlsplatz (Stachus). Il renferme plusieurs grands magasins et les antennes de grandes chaînes européennes. C'est ici qu'est réalisé le chiffre d'affaires moyen à la minute le plus élevé d'Allemagne. On trouve d'autres commerces au-delà de Stachus, dans la Sonnenstrasse, la Schützenstrasse et l'Eisenhof de la gare principale. *Plan K4-L4.*

2 Theatinerstrasse

Depuis l'ouverture des galeries des Fünf Höfe *(ci-contre)*, la rue la plus élégante de la ville a encore vu augmenter le nombre de ses boutiques de luxe. *Plan L4.*

Zone piétonne

3 Fünf Höfe

Conçu par les architectes Herzog et de Meuron, cet exemple primé de réhabilitation couvre la zone délimitée par la Theatinerstrasse, la Kardinal-Faulhaberstrasse, la Maffeistrasse et la Salvatorstrasse. Bâtiments historiques, cours et galeries renferment des boutiques de mode, une salle d'exposition (Kunsthalle der Hypo-Kulturstiftung) et des établissements de restauration haut de gamme (Ederer, Barista, Café Kunsthalle). *Plan L4.*

4 Odeonsplatz et Brienner Strasse

Outre des magasins chic, vous trouverez sur cette place et l'avenue qui en part le Luitpoldblock, où le célèbre café Luitpold *(p. 61)* ouvrit en 1888. Rénové en 1989, le bâtiment est un temple du shopping de luxe. *Plan L3.*

5 Maximilianstrasse

Ce boulevard, percé par Maximilien II au milieu du XIXe siècle, s'étend du Nationaltheater à l'Altstadtring. Les grands noms de la mode internationale, tels Bulgari, Armani et Chanel, ont ouvert des antennes dans ses galeries, aux arches en ogive dessinées par Friedrich Bürklein. Le boulevard est bordé par l'hôtel Vier Jahreszeiten, les Kammerspiele, et les Maximilianhöfe. *Plan M4.*

Shopping quartier par quartier **p. 83, 91, 101 et 109**.

6 Maximilianhöfe

Dans les Maximilianhöfe

Le complexe des Maximilianhöfe incorpore un immeuble de Friedrich Bürklein (1813-1872) et abrite des bureaux, les succursales d'enseignes telles que Gianfranco Ferré et Dolce e Gabbana, ainsi que le nouveau lieu de répétition de l'Opéra national. Au centre, le restaurant Brenner s'est installé sous les arcades des anciennes écuries du manège royal. *Plan M4.*

7 Sendlinger Strasse

Le luxe gagne du terrain dans cette rue commerçante parmi les plus anciennes de la cité, qui conserve toutefois quelques magasins traditionnels et une diversité rafraîchissante. *Plan K5.*

8 Autour du Viktualienmarkt

Les environs du plus vieux marché de Munich regorgent de commerces spécialisés. Au sud, ils bordent la Gärtnerplatz et les rues avoisinantes, tandis qu'à l'est les voies étroites menant à l'Isartor abritent de petits antiquaires et le principal libre-service de produits biologiques de la ville. À l'ouest, en direction du Rindermarkt, une galerie marchande enserre la Löwenturm, élevée au Moyen Âge. *Plan L5.*

9 Autour de l'université

Entre l'Amalienstrasse, la Türkenstrasse et l'Adalbertstrasse, le quartier étudiant recèle d'excellentes librairies et des commerces de tous types, notamment des bijouteries excentriques et des magasins de prêt-à-porter et de design. *Plan L1-L2.*

10 Leopoldstrasse et rues transversales

Magasins, restaurants et cafés bordent l'axe principal de Schwabing, à partir de la Giselastrasse. Les soirs d'été, c'est un lieu de promenade très apprécié des Munichois. On trouve plusieurs boutiques intéressantes dans les rues transversales, à gauche du boulevard lorsqu'on se dirige vers le nord, notamment la Hohenzollernstrasse. *Plan F2-G2.*

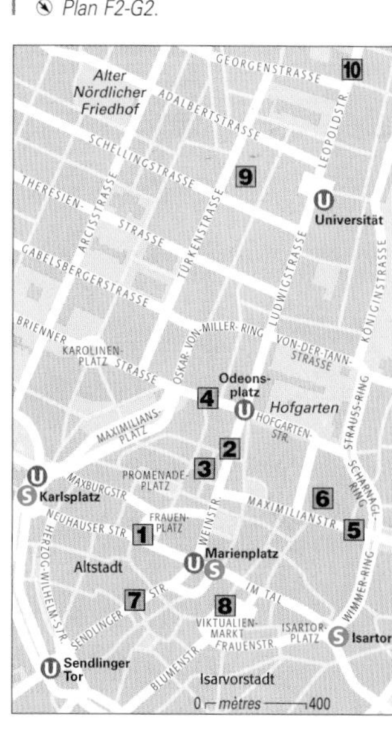

Sites Internet des Fünf Höfe et des Maximilianhöfe : **www.fuenfhoefe.de et www.maximilianhoefe.com**

Gauche **Rhinocéros, Tierpark Hellabrunn** Centre **Logo du Cirkus Krone** Droite **Glentleiten**

TOP 10 Avec les enfants

1 Olympiapark

Le choix d'activités proposées dans le plus grand complexe sportif de la capitale bavaroise est suffisamment large pour occuper les enfants toute la journée : beach-volley, basket-ball, canotage, natation, ski en toute saison et escalade du toit du printemps à l'automne *(p.18-19)*.

2 Deutsches Museum

Le plus grand musée du monde dédié aux sciences et aux technologies abrite de nombreux objets, des jeux de construction classiques aux avions à réaction grandeur nature, qui fascineront les enfants comme les adultes. Le Kinderreich permettra aux plus jeunes de s'initier concrètement aux joies de la physique. Tous apprécieront la collection *Technisches Spielzeug* (jouets techniques) et le *Planetenweg*, une « promenade » en plein air, du Soleil à Pluton *(p. 8-11)*.

3 Tierpark Hellabrunn

Le Parc zoologique municipal compte, parmi ses fleurons, une savane sous chapiteau peuplée de félins et un pavillon vitré où vivent gorilles et chimpanzés. Au Kinderzoo, les enfants peuvent caresser des poneys, des moutons et des chèvres, et leur donner à manger (distributeurs d'aliments adaptés). *Tierparkstr. 30 • plan E6 • ouv. : avr.-sept. : t.l.j. 9h-18h ; oct.-mars : t.l.j. 9h-17h • www.tierpark-hellabrunn.de • EP.*

4 Marionnetten Theater

Le plus vieux théâtre de Marionnettes de Munich, installé dans un petit bâtiment néoclassique, très populaire, existe depuis 1858. *Blumenstr. 32 • plan K5 • (089) 26 57 12 • www.muenchner-marionettentheater.de • EP.*

5 Bavaria Filmstadt

Les studios de cinéma et de télévision de Geiselgasteig, proposent des visites guidées passionnantes, rythmées par des cascades et la projection d'un film en 3D sur des sièges bougeant au gré de l'action. Les spectateurs doivent mesurer au moins 120 cm. *Geiselgasteig, Bavariafilmplatz 7 • (089) 64 99 2000 • ouv. mars-oct. : t.l.j. 10h-17h (dern. entrée 15h30) • www.filmstadt.de*

Falcor, le dragon de *L'Histoire sans fin*, Bavaria Filmstadt

Le Munich des enfants a un site Internet :
www.muenchen.kinder-stadt.de

LEGOLAND Deutschland

6 **Cirkus Krone**
L'un des plus grands cirques traditionnels d'Europe s'installe à Munich pendant trois mois. *Zirkus-Krone-Str. 1-6 • plan D4 • (01805) 247 287 • ouv. 25 déc.-31 mars : mar.-dim. • www.cirkus-krone.de • EP.*

7 **Märchenwald im Isartal**
Le parc de loisirs de la « Forêt féerique » renferme des attractions telles qu'un manège de boutons de fleurs et des balançoires en forme d'étoiles filantes. *Wolfratshausen, Kräuterstr. 39 • (0 8171) 41 879 28 • ouv. avr.-mi-oct. : t.l.j. • www.maerchenwald-isartal.de • EP.*

8 **Freilichtmuseum Glentleiten**
Ce musée en plein air réunit 40 bâtiments agricoles bavarois et propose des démonstrations d'artisanat ancien. En guise de guide, les enfants reçoivent un livre de coloriage *(p. 123)*.

9 **Sea Life**
De nombreuses attractions *(p. 18-19)* pour les enfants dont les hippocampes et le tunnel en verre dans l'aquarium.

10 **LEGOLAND Deutschland**
Ce parc renferme 40 attractions et des sculptures fabriquées avec plus de 50 millions de blocs Lego. *Günzburg, Legoland-Allee 1 • (0180) 57 00 75 701 • ouv. avr.-oct. • www.legoland.de • EP.*

Cafés et restaurants

1 **Villa Flora**
Brunch du dimanche à moitié prix pour les 6-12 ans. Les moins de 6 ans ne paient pas. *Hansastr. 44 • plan C5.*

2 **Seehaus**
Un café et *Biergarten* sur les rives du Kleinhesseloher See. *Englischer Garten • plan G2.*

3 **Woerner's**
Chaîne de café-confiserie : bretzels et brioches. *Marientplatz 1 • plan L4.*

4 **Biergarten am Chinesischen**
Un *Biergarten* bordé d'espaces verts avec un manège. *Englischer Garten • plan G3.*

5 **Zum Aumeister**
Un *Biergarten* traditionnel et un restaurant avec une aire de jeux. *Englischer Garten, Sondermeierstr. 1 • plan G3.*

6 **Waldwirtschaft**
Balançoires, toboggans et minigolf combleront les jeunes visiteurs. *Pullach Grosshesselohe, Georg-Kalb-Str. 3.*

7 **Le Buffet**
Une aire de jeux pour occuper les enfants et des plats savoureux – wok et pâtes – en libre-service. *Neuhauser Str. 18, étage Oberpollinger • plan K4.*

8 **Hofbräukeller**
Le baby-sitting y est gratuit toute la journée. *Innere Wiener Str. 19 • plan P5.*

9 **Mangostin Asia**
Aire de jeux surveillée et, le dimanche, buffet familial bon marché. *Maria-Einsiedel-Str. 2 • (089) 723 20 31.*

10 **Kaiser Otto**
Le café a un grand espace enfants. *Westermühlstr. 8 • (089) 210 19 699.*

De plus en plus de restaurants proposent aux familles des menus enfants, des sièges surélevés et même un service de garde.

Gauche **Petite pause sur l'herbe** Droite **Parc du Schloss Nymphenburg**

TOP 10 Promenades à pied et à vélo

1 À pied à travers l'Englischer Garten

Depuis la Haus der Kunst *(p. 37)*, dirigez-vous au nord pour traverser la partie du « Jardin anglais », paysagée il y a plus de 200 ans. Au Kleinhesseloher See, une passerelle franchit la route qui sépare cette partie de celle, plus récente, qui abrite le jardin à bière Zum Aumeister *(p. 69)*. *1h30-2h • Zum Aumeister, Sondermeierstr. 1 • (089) 18 93 14 20.*

2 À pied le long de l'Isar

En partant du Deutsches Museum *(p. 8-11)*, remontez vers le sud le cours de la rivière, sur sa rive droite. À mi-chemin se trouve la roseraie *(p. 39)*, qui mérite un court détour. La promenade conduit jusqu'à Thalkirchen, où vous pourrez visiter le Tierpark Hellabrunn *(p. 107)* et vous restaurer au Mangostin Asia.
1h30-2h • Mangostin Asia, Maria-Einsiedel-Str. 2 • (089) 723 20 31.

3 À pied dans le Westpark

Partez de la pointe orientale du parc, à l'angle de la Hansastrasse et de Baumgartnerstrasse. Promenez-vous vers l'ouest jusqu'à atteindre la passerelle, au-dessus de la Garmischer Strasse. De l'autre côté, le Westpark abrite des jardins et des bâtiments asiatiques. Un agréable restaurant et son *Biergarten* donnent sur une roseraie.
1h-1h30 • Gasthaus am Rosengarten, Westendstr. 305 • (089) 57 86 93 00.

4 À pied à travers le Nymphenburg Park

Avant de vous éloigner du Schloss Nymphenburg *(p. 12-13)*, prenez le temps de bien vous repérer, grâce à l'un des plans affichés près de l'entrée.
Les pavillons offrent les jalons d'un agréable circuit, passant par la Pagodenburg, la cascade, le temple d'Apollon, la Badenburg et l'Amalienburg. En revenant au château, concluez votre sortie par une visite du musée Mensch und Natur ou du Jardin botanique.
1h-1h30 • Schlosscafé im Palmenhaus, entrée 43 • (089) 17 53 09. • f. lun.

5 À pied sur l'Ilkahöhe

Au sortir de la station de S-Bahn (S6) de Tutzing, des triangles blancs indiquent le chemin à suivre pour rejoindre le sommet de l'Ilkahöhe.
Un splendide panorama récompense l'ascension, entre autres, par un sentier forestier d'un dénivelé d'environ 150 m.
1h30-2h • Forsthaus Ilkahöhe, Tutzing • (08 158) 82 42 • f. lun. et mar.

Vue depuis l'Ilkahöhe

Vous trouverez d'autres itinéraires sur **www.muenchen.de** *et sur* **www.adfc.de** *(pour les cyclistes).*

6 À vélo jusqu'à Freising

Depuis le *Biergarten* Zum Aumeister, dans l'Englischer Garten, suivez la piste cyclable de l'Isar jusqu'à Freising, à environ 40 km, où un pont franchit la rivière. Tournez à gauche vers Weihenstephan. Cet ancien monastère abrite la plus vieille brasserie en activité. Elle est à 2 km de la gare, d'où vous pourrez regagner Munich en S-Bahn (S1). *2h30-3h • Bräustüberl Weihenstephan • (08161) 130 04.*

7 À vélo jusqu'au Schloss Schleissheim

À 200 m à droite de la station de U-Bahn (U2), prenez au nord la piste cyclable qui part d'un parc. Celle-ci est aménagée, pour partie, sur une ancienne voie de tramway. Roulez jusqu'à Oberschleissheim, où vous visiterez le Flugwerft Schleissheim (musée de l'Aviation, annexe du Deutsches Museum) et le Neues Schloss. Continuez le long du canal jusqu'à Garching-Hochbrück, puis rentrez en U-Bahn (U6). *2h-2h30 • Schlosswirtschaft Oberschleissheim, Maximilianhof 2 • (089) 315 15 55.*

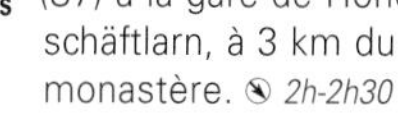

Masque, Schloss Schleissheim

8 À vélo, de l'Olympiapark au Schloss Blutenburg

Depuis le parc olympique *(p. 18-19)*, longez le canal du Nymphenburg jusqu'au château, puis suivez, à l'ouest, le mur sud du parc – interdit aux cyclistes – jusqu'à un passage souterrain. Le reste du trajet est signalisé. La bibliothèque internationale pour la jeunesse occupe le Schloss Blutenburg depuis 1983. *1h30-2h • Schlossschänke Blutenburg • (089) 811 98 08.*

Brasserie de Weihenstephan, Freising

9 À vélo le long de l'Isar jusqu'au monastère de Schäftlarn

Depuis le Deutsches Museum *(p. 8-11)*, suivez la piste cyclable de l'Isar vers le sud. Faites une pause à Grünwald pour visiter la forteresse, puis poursuivez jusqu'au monastère de Schäftlarn. Petit avertissement : le trajet comprend des côtes et plusieurs passages cahoteux en forêt. Pour retourner à Munich, prenez le S-Bahn (S7) à la gare de Hohenschäftlarn, à 3 km du monastère. *2h-2h30 • Klosterbräustüberl Schäftlarn • Ebenhausen • (08178) 36 94.*

10 À vélo le long de la Würm jusqu'au Starnberger See

Depuis la station de S-Bahn de Pasing, il faut emprunter des rues très fréquentées pour rejoindre la piste cyclable, bien signalée, de la Würm. Suivez la rivière, au sud. Le château de Leutstetten possède un restaurant et un jardin à bière. Vous longerez un golf avant d'atteindre Starnberg, où vous pourrez prendre le S-Bahn (S6) pour rentrer. *2h-2h30 • Undosa Seerestaurant, Starnberg • (081 51) 99 89 30.*

Moyennant supplément, sauf en semaine entre 6 h et 9 h et 16 h et 18 h, on peut prendre le S-Bahn et le U-Bahn avec son vélo.

Gauche **L'Allianz-Arena** Droite **Munich, une ville où le vélo a sa place**

TOP 10 Sport et remise en forme

1 Randonnée

De nombreux sentiers se prêtent à des promenades aisées dans et autour de Munich *(p. 70)*. Les Alpes voisines offrent des défis plus sportifs. Pour vous renseigner sur les itinéraires, contactez le Deutscher Alpenverein (Club alpin allemand).
(089) 14 00 30 • www.alpenverein.de

2 Rollers

L'Englischer Garten et les allées signalisées de l'Olympiapark *(p. 18-19)* sont deux hauts lieux du roller à Munich. De mai à septembre, le lundi soir, quand le temps le permet, les Blade Nights *(p. 46)* réunissent des milliers d'adeptes du patin sur des parcours urbains.
www.aok-bladenight.de

3 Jogging

Presque partout dans la ville, les coureurs disposent de petits ou grands parcs *(p. 38-39)*. L'Englischer Garten et les rives de l'Isar recèlent les plus beaux sentiers. Si vous n'aimez pas courir seul, l'association des Road Runners vous mettra en contact avec un groupe de joggeurs de votre niveau. *www.mrrc.de*

4 Cyclisme

Doté de l'un des meilleurs réseaux de pistes cyclables d'Europe, Munich offre plusieurs poumons verts où vous pouvez profiter d'une belle balade à vélo, loin du bruit et des gaz d'échappement de la circulation automobile *(p. 71)*. La Fédération cycliste allemande (ADFC) est une mine d'informations.
(089) 909 00250 • www.adfc-bayern.de

5 Escalade

Avant de vous attaquer aux parois des Alpes bavaroises, vous pourrez vous entraîner en vous adressant au Club d'escalade de Munich. Celui-ci possède une salle somptueusement équipée : la Heaven's Gate.
http://klettern-muenchen.de

6 Golf

Ce sport jadis réservé à l'élite est de plus en plus populaire en Allemagne. Il existe plus de 40 terrains de golf, de 6 à 18 trous, aux alentours de Munich. *www.eberle-golf.de*

Allianz-Arena

Les architectes Herzog et de Meuron ont dessiné le stade de 66 000 places construit en 2005 à Fröttmaning, dans le nord de la ville, pour les deux équipes de football de Munich. Chaque club peut utiliser l'éclairage pour teinter la façade translucide (en rouge ou en bleu) et a accès à un restaurant de 1 000 places. Les spectateurs disposent aussi d'un restaurant familial, d'une cafétéria et de kiosques de restauration. Le stade Allianz-Arena est accessible en métro par la ligne U6.

L'Allianz-Arena possède un site Internet : **www.allianz-arena.de**

Golf près de Feldafing, sur le lac Starnberg

7 Beach-volley

Par tous les temps, grâce à plusieurs lieux couverts, de nombreux enthousiastes peuvent s'adonner aux plaisirs du volley-ball de plage. ✆ *(089) 29 16 17 19* • *www.citysports.de/beachvolleyball_muenchen.htm*

8 Sports nautiques

De nombreux plans d'eau, en ville et dans les environs, permettent la pratique du canotage, de la voile et du canoë. Munich compte 17 piscines publiques. La Haute-Bavière recèle d'innombrables lacs. ✆ *www.muenchen.de*

9 Sports d'hiver

La capitale bavaroise dispose de plusieurs patinoires et même d'une piste de ski artificielle, à l'Olympiapark *(p. 18-19)*. La station de Garmisch-Partenkirchen se trouve à moins de 100 km du centre. ✆ *www.muenchen.de*

10 Remise en forme

L'Olympiapark abrite le plus important des nombreux centres de remise en forme et de balnéothérapie. Le bain turc du Mathilden-Bad connaît un grand succès. ✆ *www.hamam.de* • *www.olympiapark.de*

Événements sportifs

1 Tournée des quatre tremplins

Compétition de saut à ski qui ouvre l'année à Oberstdorf, G-Partenkirchen, Innsbruck et Bischofshofen. ✆ *www.vierschanzen.tournee.com*

2 DTM

Course automobile (14-15 juil.) à l'Olympiapark avec cascadeurs et concerts live. ✆ *www.olympiapark.de*

3 FC Bayern München

Le célèbre club de football. ✆ *(089) 69 93 10* • *www.fcbayern.de*

4 TSV München 1860

Les « Lions » doivent leur surnom à leurs supporters. ✆ *(018 05) 60 18 60.* • *www.tsv1860.de*

5 BMW International Open

Tournoi de golf (juin) se tenant tantôt à Munich (2013, 2015), tantôt à Cologne (2014). ✆ *(081 23) 930 80* • *www.gceichenried.de*

6 Coupe du monde de snowboard

Compétition de snowboard à Sudelfeld près de Bayrischzell. ✆ *www.sudelfeld.de*

7 BMW Open

MTTC Iphitos e.V. organise ce tournoi de tennis au printemps. ✆ *(089) 548 18 181* • *www.bmw.open.de*

8 Marathon de Munich

En octobre, au départ de l'Olympiapark. ✆ *www.muenchenmarathon.de*

9 Courses hippiques

Plusieurs courses par mois à l'hippodrome de Daglfing. ✆ *www.daglfing.de*

10 Winterlauf

Courses sur trois distances (10,15, 20 km) à l'Olympiapark (déc.-janv.) ✆ *www.olympiapark.de*

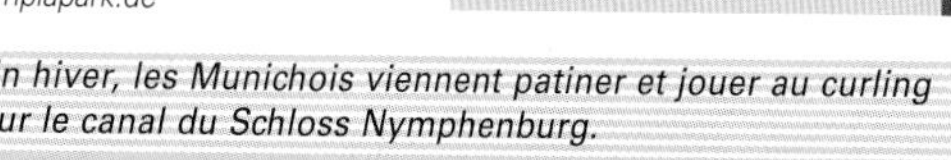

En hiver, les Munichois viennent patiner et jouer au curling sur le canal du Schloss Nymphenburg.

Gauche **Fête-Dieu** Centre **Érection d'un mât de mai** Droite **Leonhardifahrt, Bad Tölz**

TOP 10 Traditions de Munich et de sa région

1 Schäfflertanz

Tous les sept ans, la Danse des tonneliers commémore la fin de l'épidémie de peste de 1500. La prochaine aura lieu en 2019.

Munich, pendant le Carnaval.

2 Tanz der Marktfrauen

Les commerçantes du Viktualienmarkt dansent dans leurs plus beaux atours.

Munich, Mardi gras.

3 Saison de la Starkbier

Comme les « liquides ne comptaient pas pendant le carême », les moines brassaient une bière plus forte et plus épaisse en cette période de jeûne. Des mises en perce, dont celle du premier fût de Salvator au Nockherberg *(p. 50)*, lancent la 5e saison bavaroise.

Bavière, 19 mars-Pâques.

4 Mâts de mai

Le 1er mai, villes et villages dressent un mât décoré, héritier de l'arbre de vie, censé apporter la prospérité au Moyen Âge. De jeunes gens montent la garde la nuit. La rançon pour un mât dérobé s'élève à de nombreux fûts de bière. *Bavière, 1er mai.*

Décor de mât

5 Fête-Dieu

Soixante jours après Pâques, des croyants défilent en procession dans toute la Bavière pour commémorer l'institution du sacrement de l'Eucharistie.

Jeudi suivant le dimanche de la Trinité.

6 Kocherlball

Chaque année, pour le « Bal des cuisiniers », des milliers de personnes en costumes folkloriques se

Attelage décoré pour la Leonhardifahrt, Bad Tölz

Le Carnaval donne lieu à des descentes à ski costumées dans les stations alpines. La plus connue est celle de Firstalm.

Costumes traditionnels, Bad Tölz

retrouvent, dès l'aube, au pied de la Chinesischer Turm pour danser la valse et la polka. Des domestiques sont à l'origine de la coutume. *Munich, Englischer Garten, juil.*

7 Leonhardifahrt

Bad Tölz, Schliersee et Murnau, entre autres, célèbrent saint Léonard, protecteur des chevaux, par des défilés d'attelages. *Haute-Bavière, 1er dim. de nov.*

8 Christkindlmärkte

Les marchés de Noël, dont celui de la Marienplatz, à Munich, entretiennent une tradition qui remonte au Moyen Âge. *Bavière, de l'Avent au 24 déc.*

9 Alphorn, jodeln et Schuhplattler

Comme le *jodeln*, qui a évolué pour se transformer en une forme de chant, l'*Alphorn* était autrefois pour les vachers un moyen de communication sur de longues distances. Avec le *Schuhplattler*, une danse rythmée par les battements des semelles sur le sol, ils animent toutes les fêtes folkloriques.

10 Costumes régionaux

Dans toutes les célébrations, dont l'Oktoberfest, des associations paradent fièrement en costumes traditionnels.

Jours fériés et célébrations

1 Réveillon du Nouvel An

Un grand feu d'artifice salue la nouvelle année.

2 Épiphanie

Pendant la première semaine de janvier, des enfants déguisés en Rois mages collectent de l'argent pour des œuvres charitables.

3 Mercredi des Cendres

À la fin du Carnaval *(Fasching)* commence la période de la bière Bock.

4 Pâques

Des centaines d'enfants cherchent des œufs au Tierpark Hellabrunn.

5 1er Mai

L'érection des mâts de mai coïncide avec la fête du Travail.

6 Fête-Dieu

L'une des dates les plus importantes du calendrier catholique bavarois donne lieu à une grande procession à Munich.

7 Kirchweih

Le troisième dimanche d'octobre, la fête d'action de grâce, appelée « Consécration de l'église », marque souvent le début de l'Auer Herbstdult *(p. 52)* et de l'*Almabtrieb*, le retour des troupeaux qui ont passé l'été en alpage.

8 Toussaint

La fête de tous les saints, le 1er novembre, précède le jours des Morts, où les familles fleurissent les tombes.

9 Saint-Martin

Portant des lanternes, des enfants défilent en procession derrière un cavalier.

10 Noël

Les marchés de Noël commencent le premier jour de l'Avent. La messe de minuit est très fréquentée.

Le curling et l'épreuve de force appelée **Fingerhakeln** *(« lutte des doigts ») comptent parmi les sports traditionnels bavarois.*

S
U

VISITER MUNICH

Gauche **Brunnenhof de la Residenz** Centre **Altes Rathaus** Droite **Sendlinger Tor**

Vieille ville

Le cœur de la capitale bavaroise reste la vieille cité enclose au Moyen Âge, dans une enceinte fortifiée, dont subsistent trois portes : la Karlstor, l'Isartor et la Sendlinger Tor. Avec l'Odeonsplatz, où se dressait jadis la Schwabinger Tor, celles-ci délimitent la zone commerçante la plus animée de Munich. Au centre de cette zone piétonne, la Marienplatz est dominée par l'hôtel de ville. Entouré d'espaces verts, parfois très vastes, comme l'Englischer Garten et les rives de l'Isar, l'ancien quartier a conservé de nombreux édifices historiques, dont la vaste Residenz, d'où régnèrent les Wittelsbach.

TOP 10 À ne pas manquer

1. Marienplatz, Neues Rathaus et Altes Rathaus
2. Frauenkirche
3. Alter Hof
4. Alte Münze
5. Maximilianstrasse
6. Hofbräuhaus et Platzl
7. Sankt-Jakobs-Platz et Stadtmuseum
8. Sendlinger Strasse et Sendlinger Tor
9. Residenz et Hofgarten
10. Odeonsplatz, Theatinerkirche et Feldherrnhalle

Carillon, Neues Rathaus

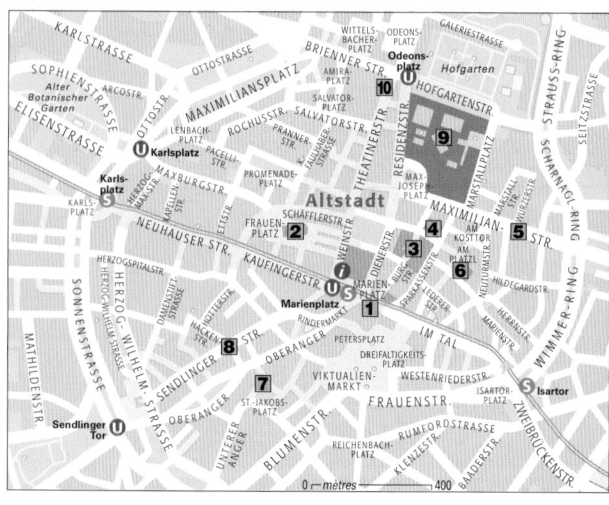

Pages précédentes **Marienplatz**

1 Marienplatz, Neues Rathaus et Altes Rathaus

À l'est de la place Sainte-Marie ornée de la Mariensäule, la colonne de la Vierge, s'élève l'ancien hôtel de ville bâti au XVe s. Son successeur, le Neues Rathaus (1867-1908), à la façade néogothique longue de 100 m, est beaucoup plus imposant. Sa tour de l'horloge possède un beau carillon *(p. 26-27)*.

Statue de la Vierge, Mariensäule

2 Frauenkirche

Depuis la Marienplatz, la Weinstrasse, zone piétonnière, conduit à la cathédrale Notre-Dame, de style gothique tardif, bâtie entre 1468 et 1488. Les tours reçurent leurs dômes en bulbe, surnommés les « bonnets suisses », en 1525. Ses plus belles œuvres d'art comprennent le tombeau de Louis IV, les bustes en bois des stalles du chœur, sculptés par Erasmus Grasser vers 1500, et une statue de saint Christophe *(p. 27)*.

3 Alter Hof

Bâtie à l'intérieur des murs au nord-est de la Marienplatz, entre 1253 et 1255, l'ancienne résidence des Wittelsbach (jusqu'en 1474) a conservé, sur l'aile ouest, un portail d'entrée orné des armoiries de la dynastie. La tour de l'aile sud porte le nom d'Affenturm, « tour du Singe ». Selon la légende, un singe de la Cour grimpa à son sommet en emportant le jeune Louis IV. Il conclut l'escapade en ramenant à terre le futur empereur germanique, sain et sauf. ✎ *Burgstr. 4 • plan L4 • ouv. lun.-sam. 10h-18h.*

Affenturm, Alter Hof

4 Alte Münze

« L'Ancienne Monnaie » aussi appelée Münzhof, au nord-est de l'Alter Hof, date de 1567. Elle entoure une cour Renaissance, dominée par trois niveaux de galeries. À l'origine, elle abritait les écuries et les équipages royaux, ainsi que la bibliothèque et le trésor d'Albert V. Elle devint l'hôtel de la Monnaie de l'État de Bavière au XIXe s. On y frappait encore des pièces en 1983. ✎ *Hofgraben 4 • plan L4-M4 • cour ouv. toute l'année.*

Cour Renaissance de l'Alte Münze

5 Maximilianstrasse

Maximilien II fit percer ce boulevard entre 1852 et 1855. La portion qui s'étend entre la Max-Joseph-Platz et l'Alstadtring *(p. 66-67)* compte parmi les voies commerçantes les plus chic d'Europe. Elle renferme, notamment, l'hôtel de luxe Vier Jahreszeiten et le théâtre des Kammerspiele, ainsi que la galerie marchande des Maximilianhöfe *(p. 67)*. Au bout de la Maximilianstrasse s'élève le Maximilianeum, siège du Parlement bavarois. ✎ *Plan M4.*

Quelque 20 000 personnes par heure passent par la Marienplatz et la zone piétonne.

Hofbräuhaus

6 Hofbräuhaus et Platzl

La plus célèbre taverne de Munich (1896) a pour origine la brasserie de la Cour fondée en 1589 par Guillaume V. Le rez-de-chaussée peut accueillir 1 000 clients, adeptes, pour la plupart, de la Hofbräu dont il est servi 10 000 l par jour. À l'étage, des voûtes en arêtes soutiennent le plafond de la salle de banque. L'établissement possède un petit jardin à bière. Une promenade dans les ruelles des alentours, dont la Burgstrasse, permet de découvrir un des quartiers les plus anciens de la ville. *Am Platzl 9 • plan M4 • (089) 290 13 61 00 • www.hofbraeuhaus.de*

7 Sankt-Jakobs-Platz et Stadtmuseum

Depuis 2006, la place Saint-Jacques accueille le Centre juif qui comprend la synagogue Ohel-Jakob *(p. 41)*, le Jüdisches Museum *(p. 37)* et un centre communautaire. Sur la place, six bâtiments sont occupés par le Stadtmuseum, dont un arsenal *(Zeughaus)* et des écuries royales *(Marstall)*. Le musée de la Ville est divisé en plusieurs départements. Sa cinémathèque est réputée pour ses restaurations de films muets *(p. 36 et 54)*. L'Ignaz-Günther-Haus, qui borde le côté ouest de la place, date de la fin du gothique. *St.-Jakobs-Platz 1 et 15 • plan L5 • www.juedischeszentrum jakobsplatz.de et www. muenchner-stadtmuseum.de*

8 Sendlinger Strasse et Sendlinger Tor

Pendant longtemps, l'une des plus vieilles rues commerçantes de Munich n'a abrité que des magasins, transmis de génération en génération au sein des mêmes familles. Elle est devenue plus chic, mais abrite des boutiques plus variées que la zone piétonne. L'Asamkirche *(p. 27, 40)* et l'Asamhaus (au 34 de la Sendlinger Strasse) sont les deux joyaux rococos du quartier. On peut admirer l'ancienne demeure d'Egid Quirin Asam *(p. 35)*. Un couloir reliait les deux bâtiments, et une fenêtre permettait au sculpteur de voir le maître-autel de l'église depuis sa chambre. Au bout de la rue s'élève la Sendlinger Tor (1318), une belle porte fortifiée de l'enceinte médiévale. *Sendlinger Str. 34 et 62 • plan K5.*

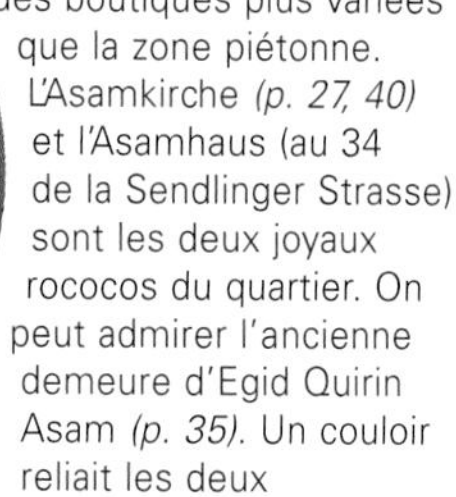

Egid Quirin Asam

Odeon

Louis Ier préleva des fonds sur le budget de la Défense pour faire édifier, en 1828, au no 3 de l'Odeonsplatz, une salle de concert dessinée par Leo von Klenze. À sa reconstruction, après la guerre, seuls les murs entourant la cour intérieure retrouvèrent leur hauteur initiale. L'édifice actuel est occupé par le ministère de l'Intérieur.

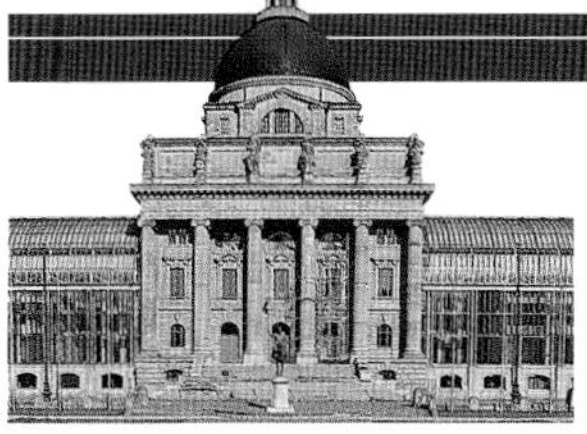
La Chancellerie, bordant le Hofgarten

9 Residenz et Hofgarten

Le jardin de la Cour s'étend au nord de l'ancienne résidence des souverains de Bavière *(p. 20-21)*. À l'est, la nouvelle Chancellerie ferme l'esplanade. Construit entre 1989 et 1993, ce bâtiment, controversé, incorpore l'ancien musée de l'Armée. Derrière une des parois vitrées, on aperçoit les vestiges d'un mur et d'un jardin du XVIe s.

Plan L3-L4 et M3-M4.

10 Odeonsplatz, Theatinerkirche et Feldherrnhalle

À quelques pas de la Residenz, le quartier de l'église des Théatins *(p. 27 et 40)* avait jadis les faveurs de la noblesse. L'enceinte fortifiée qui le fermait au nord fut démolie au XIXe s. lors du percement de la Ludwigstrasse. Ce boulevard rejoint l'université depuis l'Odeonsplatz. Située sur la place, la loggia Feldherrnhalle occupe l'emplacement d'une ancienne porte médiévale. Deux bronzes, sous la loggia, représentent les héros militaires bavarois Jean Tilly et Karl Philipp von Wrede.

Plan L3.

La Feldherrnhalle et une entrée de la Residenz

Un jour dans la vieille ville

Le matin

Depuis la Marienplatz, traversez la zone piétionnière jusqu'à la Mazaristrasse, qui vous mènera à la **Frauenkirche** *(p. 79)*. Au nord, suivez la Maffeistrasse jusqu'aux **Fünf Höfe** *(p. 66-67)*, puis la Theatinerstrasse jusqu'à l'Odeonsplatz, bordée par la **Theatinerkirche** et la **Feldherrnhalle**. Reprenez des forces en contemplant le Hofgarten depuis le **Café Tambosi**. La visite de la **Residenz** requiert une demi-journée, mais il est possible de flâner à loisir dans les cours intérieures. Depuis la Max-Joseph-Platz dominée par l'Opéra, suivez la Maximilianstrasse *(p. 79)*. Revenez sur la Marienplatz par la Dienerstrasse, à l'**Alter Hof**, et au **Platzl**, à temps pour la sonnerie du carillon (11 h ou 12 h). Allez savourer une spécialité bavaroise à la **Weisses Bräuhaus** *(p. 50)*.

L'après-midi

Grimpez au sommet d'**Alter Peter** *(p. 26)* pour une vue plongeante de la ville. Prenez ensuite le Rindermarkt, où se dresse la Löwenturm, puis la Sendlinger Strasse. L'**Asamhaus** (no 34) est fermée au public, mais vous pourrez admirer l'intérieur rococo de l'**Asamkirche** (no 62), d'une richesse sidérante. Rejoignez, à l'est, la Sankt-Jakobs-Platz, site du Stadtmuseum et de la synagogue Ohel-Jakob. Faites une pause au **Stadtcafé**. Depuis le **Viktualienmarkt**, rejoignez, à l'est, l'**Isartor** et le Valentin-Musäum *(p. 82)* ou alors, au sud, le quartier de la **Gärtnerplatz**, riche en bars et brasseries.

Le site **www.ns-dokumentationszentrum-muenchen.de** *propose un récit détaillé (en allemand) du* Hitlerputsch *de 1923.*

Gauche **Gärtnerplatztheater, sur la Gärtnerplatz** Centre **Karlsplatz** Droite **Künstlerhaus**

TOP 10 Autres visites

1 Isartor et Valentin-Musäum
La tour sud de l'Isartor, du XIVe s., abrite un musée consacré à l'humoriste Karl Valentin *(p. 35)*. Un café occupe une salle meublée dans le style du tournant du XIXe s. *Im Tal 50 • plan M5 • ouv. lun., mar., jeu. 11h-17h30, ven.-sam. 11h-18h, dim. 10h-18h • www.valentin-musaeum.de • EP.*

2 Erzbischöflisches Palais et palais Portia
Le Palais épiscopal est le seul hôtel dessiné par François de Cuvilliés à avoir survécu. Le palais Portia voisin est de style rococo. *Kardinal-Faulhaber-Str. 7 et 12 • plan L4 • f. au public.*

3 Literaturhaus
La maison de la Littérature organise des rencontres littéraires dans un ancien collège Renaissance. Le café-restaurant Oskar Maria occupe le rez-de-chaussée. *Salvatorplatz 1 • plan L3 • www.literaturhaus-muenchen.de*

Isartor et Valentin-Musäum

4 Wittelsbacher Platz
Depuis l'Odeonsplatz, la Brienner Strasse conduit à la place des Wittelsbach, où se dresse une statue équestre de Maximilien Ier. *Plan L3.*

5 Promenadeplatz
L'hôtel Bayerischer Hof et le palais Montgelas bordent, au nord, cette longue place étroite où se tenait au Moyen Âge le marché au sel. *Plan K4-L4.*

6 Künstlerhaus
La maison des Artistes, inaugurée en 1900, est installée sur la Lenbachplatz. Elle possède un restaurant végétarien et un restaurant de grillades, viandes et poissons. *Plan K3-K4.*

7 Justizpalast
Friedrich Thiersch acheva en 1898 le palais de Justice qui domine Stachus. *Plan J4.*

8 Karlsplatz
Cette place agrémentée de fontaines, connue également sous le nom de Stachus, marque la fin de la zone piétonnière. *Plan J4.*

9 Gärtnerplatz
Cette place, dans le quartier gay, abrite le Gärtnerplatztheater *(p. 42-43)*. *Plan L5.*

10 Max-Joseph-Platz
L'aménagement de la place du Königsbau et de l'imposant Nationaltheater commença en 1820. *Plan L4.*

Le café OskarMaria (p. 84) vend des tasses ornées de citations, en allemand, de l'auteur engagé Oskar Maria Graf.

Gauche **Der Pschorr** Centre **Alois Dallmayr** Droite **Hugendubel**

TOP 10 Boutiques

1 Schrannenhalle
L'ancienne halle a été reconstruite. La structure en verre et en fer, vieille de 50 ans, renferme aujourd'hui une grande variété d'objets artisanaux. *Viktualienmarkt 15 • plan L5.*

2 Ludwig Beck am Rathauseck
Ce grand magasin vend du prêt-à-porter et de la lingerie, ainsi que de la papeterie et des disques. *Marienplatz 11 • plan L4.*

3 Hugendubel, Marienplatz
La plus importante librairie de Munich possède plusieurs succursales, entre autres à Stachus et dans les Fünf Höfe. *Marienplatz • plan L4.*

4 Alois Dallmayr
Cette institution, fondée en 1700, propose, au rez-de-chaussée, une épicerie fine réputée pour ses cafés parfumés. Un excellent restaurant se trouve à l'étage. *Dienerstr. 14-15 • plan L4.*

5 Böhmler im Tal
Raffinée, cette petite boutique de décoration d'intérieur dispose d'un rayon cadeaux. *Im Tal 11 • plan L4.*

6 Souvenirs du FC Bayern et du TSV München 1860
Les magasins vendant des articles aux couleurs des deux clubs de football de la ville se font presque face. *Orlandostr. 1 et 8 (près de Platzl) • plan M4.*

7 Elly Seidl
Si vous pensez que nul ne peut rivaliser avec les Belges dans le domaine des bouchées au chocolat, vous devez essayer les créations d'Elly Seidl. *Maffeistr. 1 et Am Kosttor 2 • plan L4-M4.*

8 SportScheck
Vêtements et articles de sport sont exposés sur une surface de 4 000 m^2. *Sendlinger Str. 6 • plan L4.*

9 Kokon
Cette enseigne a fondé sa réputation sur le textile et l'artisanat asiatique. Accessoires ménagers au sous-sol. *Lenbachplatz 3 • plan K3-K4.*

10 Loden Frey
En Bavière, le loden sert à la confection de vêtements traditionnels. Loden Frey consacre un étage entier à ce type de vêtement. Il propose des articles de prêt-à-porter pour hommes, femmes et enfants sur les quatre autres niveaux. *Maffeistr. 7-9 • plan L4.*

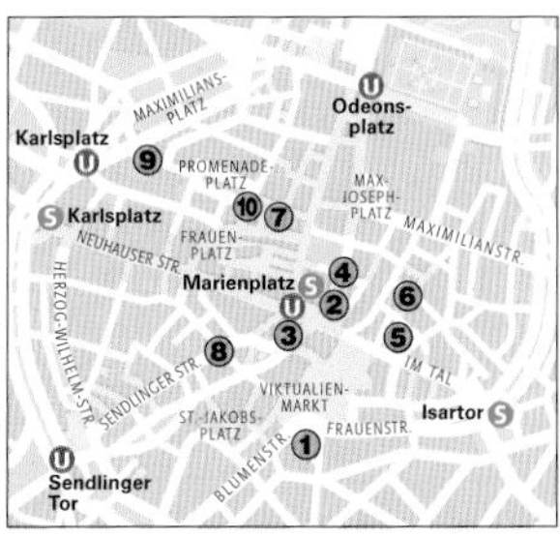

Faire des achats à Munich **p. 66-67.**

Gauche **Bar Centrale** Centre **OskarMaria** Droite **Cour du Stadtcafé**

Top 10 Cafés et bars

1 Café Rischart

Les beignets, pâtisseries et gâteaux y sont délicieux. *Marienplatz 18 • plan L4.*

2 OskarMaria

Les clients du café de la maison de la Littérature *(p. 82)* déjeunent dans des assiettes ornées de citations d'Oskar Maria Graf. Les tables de la galerie et de la terrasse sont prisées, l'été. *Salvatorplatz 1 • plan L3.*

3 Schumann's Tagesbar

Le célèbre et très sélect Schumann's *(p. 60)* a ouvert en 2001, dans les Fünf Höfe, un « bar de jour » branché et moderne. *Maffeistr. 6 • plan L4.*

4 Stadtcafé im Stadtmuseum

Le café du musée de la Ville possède, dans sa cour intérieure, l'un des « jardins à bière » les plus agréables de Munich, un lieu recommandé pour un déjeuner léger. *St.-Jakobs-Platz 1 • plan L5.*

5 Tambosi

Le plus vieux café de Munich, fondé dans le Hofgarten *(p. 61)*, par le fils du maître de cave de Louis Ier, propose des spécialités italiennes. *Odeonsplatz 18 • plan L3.*

6 Bar Centrale

Cet élégant bar italien se prête aussi bien à la dégustation d'un expresso le matin qu'à celle d'un cocktail le soir. *Ledererstr. 23 • plan L4.*

7 Wir machen Cupcakes

Ce petit café doublé d'une pâtisserie se trouve entre le Viktualienmarkt et la Gärtnerplatz. Ce fut le premier à Munich à vendre de délicieux cupcakes. *Utzschneiderstr. 12 • plan L5 • f. lun.*

8 Café Kreutzkamm

Cette pâtisserie typique, qui vend de délicieux cakes et autres desserts, est l'une des meilleures de la ville. *Maffeistr. 4 • plan E3.*

9 Pusser's

Ce piano-bar propose pas moins de 200 cocktails ! *Falkenturmstr. 9 (près de Platzl) • plan M4.*

10 Barista

Situé en sous-sol, dans les Fünf Höfe, le Barista offre en journée un cadre accueillant pour un repas léger et permet de passer un agréable moment de détente. La nuit, il se transforme en bar à cocktails. *Kardinal-Faulhaber-Str. 11 • plan L4.*

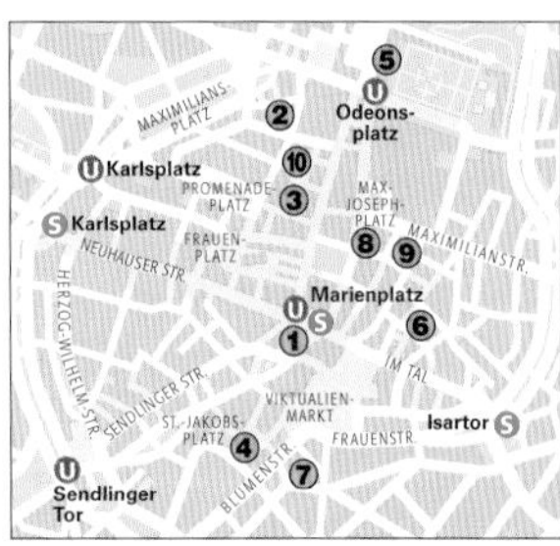

Autres lieux de restauration et de sortie à Munich **p. 24-25, 50-51, 58-65.**

Weinhaus Neuner

Catégories de prix

Pour un repas avec entrée, plat, dessert et un verre de vin ou de bière (ou repas équivalent), taxes et service compris.		
	€	moins de 30 €
	€€	30 €-40 €
	€€€	40 €-50 €
	€€€€	50 €-60 €
	€€€€€	plus de 60 €.

Top 10 Restaurants

1 Altes Hackerhaus

Dans cette brasserie datant de 1832, les solides spécialités locales tiennent au corps. Une fontaine décore la cour. *Sendlinger Str. 14 • plan 5 • (089) 260 50 26 • ouv. t.l.j. 10h-minuit • €.*

2 Braunauer Hof

Près de l'Isartor, le jardin offre un cadre charmant à la dégustation de plats bavarois. *Frauenstr. 42 • plan L5 • (089) 22 36 13 • ouv. 11h30-23h30, f. dim. • AH • €-€€.*

3 Andechser am Dom

L'atmosphère authentique de ce restaurant qui sert de la bière de l'abbaye d'Andechs séduit Munichois et visiteurs. *Weinstr. 7a • plan L4 • (089) 29 29 29 20 • ouv. t.l.j. 10h-1h • €.*

4 Eisbach

Ce restaurant, près de Marstall, sert une cuisine internationale inventive. Terrasse en été. *Marstallplatz. 3 • plan M4 • (089) 22 80 16 80 • ouv. lun.-ven. 12h-1h, sam. 10h-1h, dim. 10h-22h • AH • €€-€€€.*

5 Paulaner im Tal

Ici, les portions sont assez généreuses pour caler les plus affamés. *Im Tal 12 • plan L4 • (089) 219 94 00 • ouv. t.l.j. 10h-1h • AH • €.*

6 Buffet Kull

On y sert une cuisine française, dans une atmosphère détendue. *Marienstr. 4 • plan M5 • (089) 22 15 09 • ouv. t.l.j. 18h-1h • €€-€€€.*

7 Conviva im Blauen Haus

Les déjeuners légers et les menus du dîner sont attractifs. *Hildegardstr. 1 • plan M4 • (089) 23 336 977 • ouv. lun.-sam. 11h-1h, dim. 17h-1h • AH • €-€€.*

8 Weinhaus Neuner

La plus ancienne cave à vins de la ville (1852) propose une cuisine imaginative, de très bons vins et, à midi, des menus d'un bon rapport qualité/prix. *Herzogspitalstr. 8 • plan K4 • (089) 260 39 54 • ouv. t.l.j. 12h-15h et 18h-minuit • AH • €-€€.*

9 Sakura Sushi Bar

Les sushis sont d'une très grande variété au Sakura, mais on peut aussi manger des brochettes. *Prannerstr. 1 • plan L4-L5 • (089) 22 801 472 • ouv. t.l.j. 11h-15h et 17h-21h • €-€€.*

10 Prinz Myshkin

Le Prinz Myshkin sert une excellente cuisine végétarienne depuis les années 1990. *Hackenstr. 2 • plan K5 • (089) 26 55 96 • ouv. t.l.j. 11h-minuit • €-€€.*

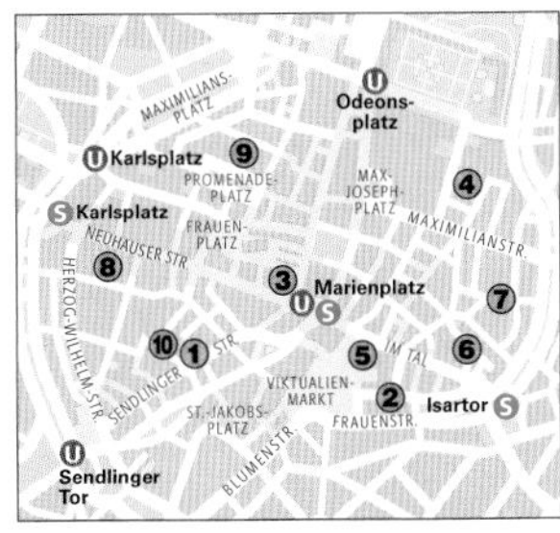

Sauf indication contraire, tous les restaurants acceptent les principales cartes bancaires et ne sont pas accessibles en fauteuil roulant.

Gauche **Bayerische Staatsbibliothek** Droite **Décoration Art nouveau, Ainmillerstrasse**

Schwabing et quartier de l'université

C'est de part et d'autre de deux grandes artères percées au XIXe s., la Ludwigstrasse et la Leopoldstrasse, que Munich s'étendit hors de son enceinte médiévale, au nord et à l'ouest de l'Odeonsplatz. Cette extension commença par le développement du faubourg de Maxvorstadt, qui abrite aujourd'hui plusieurs musées, l'université, des établissements de l'enseignement secondaire et supérieur et des bibliothèques. Schwabing, au nord, devint au tournant du XXe s. le quartier des artistes et des intellectuels, réputé pour son atmosphère bohème. Il s'est beaucoup embourgeoisé, mais il conserve de cette époque d'élégants édifices Art nouveau.

TOP 10 À ne pas manquer

1. Ludwigstrasse et Siegestor
2. Ludwigskirche
3. Bayerische Staatsbibliothek
4. Ludwig-Maximilians-Universität
5. Akademie der Bildenden Künste
6. Leopoldstrasse et Münchner Freiheit
7. Englischer Garten
8. Autour de la Königsplatz
9. Quartier des musées
10. Olympiapark

Logo de la brasserie Alter Simpl

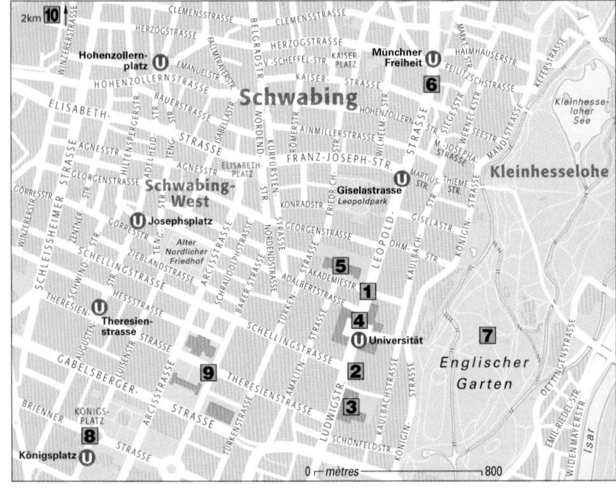

Renseignements sur les endroits et monuments de Schwabing à visiter : **www.muenchen.de**

1 Ludwigstrasse et Siegestor

Après avoir fait démolir l'enceinte médiévale, Louis Ier commanda la construction d'un boulevard d'apparat, avec des édifices dans le style de la Renaissance italienne. La Ludwigstrasse (1815-1850) s'étend de la Feldherrnhalle *(p. 81)*, au sud, jusqu'à la Siegestor (porte de la Victoire), au nord. Cette dernière est inspirée de l'arc de Constantin à Rome. À son sommet, une allégorie de la Bavière conduit un char tiré par quatre lions. Le monument fut endommagé pendant la Seconde Guerre mondiale. Depuis sa restauration, il porte une inscription : « Dédiée à la victoire, détruite par la guerre, exhortant à la paix. » *Plan L3-M1.*

2 Ludwigskirche

Une immense fresque orne l'intérieur de l'église Saint-Louis néoromane *(p. 40)*.

3 Bayerische Staatsbibliothek

Dans le domaine des recherches encyclopédiques en langue allemande, la Staatsbibliothek de Berlin est la seule à dépasser la Bibliothèque nationale bavaroise, qui conserve près de 8 millions de volumes, 20 000 incunables et quelque 85 000 manuscrits. Elle a pour origine la « bibliothèque de la cour des Wittelsbach » fondée par Albert V au XVIe s. Ce bâtiment néo-Renaissance (1832-1843) fut dessiné par F. von Gärtner. *Ludwigstr. 16 • plan M2 • www.bsb-muenchen.de*

Siegestor (porte de la Victoire)

4 Ludwig-Maximilians-Universität

Sur la Ludwigstrasse, l'université de Munich, transférée d'Ingolstadt par Louis Ier en 1472, entoure une place ornée d'une jolie fontaine. *Geschwister-Scholl-Platz • plan M2 • www.uni-muenchen.de*

5 Akademie der Bildenden Künste

L'Académie des beaux-arts (1886) a compté, parmi ses élèves, de futurs grands noms de l'art moderne comme Marc, Kandinsky, Klee et Kubin. *Akademiestr. 2 • plan M1 • www.adbk.de*

La Ludwig-Maximilians-Universität et sa fontaine

La cour du bâtiment principal de l'université renferme un mémorial au mouvement de résistance antinazi la Rose blanche.

Walking Man de J. Borofsky, Leopoldstrasse

6 Leopoldstrasse et Münchner Freiheit

Le quartier de Schwabing commence au nord de la Siegestor. Boutiques, cafés et fast-foods bordent sa principale artère, la Leopoldstrasse. Celle-ci reste très animée, même si elle a beaucoup perdu de son caractère bohème des années 1960 et 1970, lorsque s'y retrouvaient cinéastes, écrivains et artistes. Au no 36 se dresse le *Walking Man* (1995), haut de 17 m, une statue de Jonathan Borofsky commandée par une compagnie d'assurances. Sur la terrasse du café de la place Münchner-Freiheit trône une effigie plus grande que nature de l'acteur Helmut Fischer *(p. 53)*. Plusieurs rues perpendiculaires à la Leopoldstrasse abritent des maisons Art nouveau bien conservées, dont la Georgenstrasse (no 8-10) et l'Ainmillerstrasse (nos 20, 22, 33, 34, 35 et 37). Un bel ensemble de la période de la fondation de l'Empire borde la Kaiserstrasse. Les boutiques excentriques abondent dans la Hohenzollernstrasse et la partie de Maxvorstadt délimitée par la Schelling Strasse, la Türkenstrasse et la Barerstrasse *(p. 91)*. Les rues à l'est de la Leopoldstasse mènent presque toutes à l'Englischer Garten. *Plan F3-G2.*

Jugendstil

En 1896, la parution à Munich du premier numéro de la revue *Jugend* (« Jeunesse ») donna naissance au Jugendstil, la déclinaison allemande de l'Art nouveau. Plus de 100 artistes avaient uni leurs forces pour s'opposer à la « tyrannie » du baron Franz von Lenbach *(p. 35)*, portraitiste très en vogue et membre de l'Académie.

7 Englischer Garten

Schwabing a pour « jardin » le plus grand parc urbain d'Allemagne. Flânerie, jogging, rollers, vélo, canotage et même surf : on peut y pratiquer de nombreuses activités. Plusieurs *Biergarten* et une maison de thé japonaise permettent de s'y détendre. Les rues à l'est de la Münchner Freiheit mènent directement à son lac, le Kleinhesseloher See *(p. 38)*.

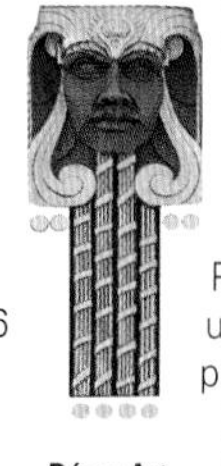

Décor Art nouveau

8 Autour de la Königsplatz

Munich doit sa place Royale à Louis Ier et à son architecte Leo von Klenze. La construction des Propyläen, aux colonnes doriques, de la Glyptothek « ionique », et des Staatliche Antikensammlungen « corinthiennes » *(p. 36)* s'étala de 1816 à 1862. Juste derrière les Propyläen se dresse la Lenbachhaus *(p. 36)*, qu'un pâté de maisons, seulement, sépare du Paläontologisches Museum *(p. 37)*. À l'est, la Königsplatz s'ouvre sur la Karolinenplatz. L'obélisque

La villa Stuck (p. 37) *est aussi de style Art nouveau. Stattreisen München propose des visites architecturales :* **www.stattreisen-muenchen.de**

Propyläen de Leo von Klenze, Königsplatz

qui en marque le centre rend hommage aux soldats bavarois qui périrent avec les troupes napoléoniennes pendant la campagne de Russie. Sur l'Arcistrasse, l'ancien Führer-Bau, où furent signés en 1938 les accords de Munich, abrite aujourd'hui la Hochschule für Musik und Theater. La Königsplatz, où aimaient parader les nazis, accueille désormais des manifestations culturelles en plein air. *Plan J2-J3.*

9 Quartier des musées

À quelques pas de la Königsplatz, la Barer Strasse renferme les trois grandes pinacothèques de Munich *(p. 14-17)* ainsi que d'autres musées et galeries. *Plan K2-K3.*

10 Olympiapark

Aménagé pour les Jeux olympiques de 1972, ce bel espace vert abrite un grand centre sportif et de remise en forme *(p. 18-19).*

Pacelli-Palais, style Art nouveau, Schwabing

Un jour dans le quartier de l'université

Le matin

Partez du **Café Münchner Freiheit**, flânez sur la **Leopoldstrasse**, puis tournez dans la Kaiserstrasse. Lénine vécut au no 46. La Friedrichstrasse mène à la Kaiserplatz, où elle coupe l'Ainmillerstrasse bordée d'immeubles Art nouveau (nos 20-37). La Friedrichstrasse rejoint ensuite la Georgenstrasse, où se côtoient le **palais Pacelli**, au no 8, et le **palais Bissing**. Reprenez la Leopoldstrasse, jetez un coup d'œil à l'**Académie des beaux-arts,** près de la **Siegestor**, et marchez jusqu'à l'**université**. Traversez la cour intérieure du bâtiment principal pour rejoindre le quartier étudiant, autour de l'Amalienstrasse. S'il vous vient une envie de cuisine française, allez au **Terrine**, dans l'Amalienpassage.

L'après-midi

Si le climat et votre humeur vous font opter pour des activités de plein air, promenez-vous dans l'**Englischer Garten** *(p. 70)*, en vous accordant une pause dans un jardin à bière. Sinon, depuis l'Amalienstrasse, rejoignez la Barer Strasse par la Schellingstrasse afin de visiter les **pinacothèques** *(p. 14-17)*. Celles-ci possèdent chacune un café où faire une agréable pause après une visite, à l'instar de la **Glyptothek** située sur la Königsplatz. La découverte des sculptures et des antiquités des **Staatliche Antikensammlungen** *(p. 36)* concluera cet après-midi culturel.

Dans les années 1920, des artistes comme Gabriele Münter, Wassily Kandinsky et Paul Klee habitaient l'Ainmillerstrasse.

Gauche **St.-Ursula, sur la Kaiserplatz** Centre **Marché de l'Elisabethplatz** Droite **Musée BMW**

TOP 10 Autres visites

1 Erlöserkirche

Ce temple protestant de style Art nouveau borde, au nord, la Münchner Freiheit. *Münchner Freiheit • plan G2.*

2 Wedekindplatz

L'ancienne grand-place du Schwabing, au croisement de la Leopoldstrasse et de la Feilitzschstrasse, a connu des jours meilleurs. C'est ici qu'eurent lieu, en 1962, les « Schwabinger Krawalle » *(p. 35). Plan G2.*

3 Elisabethplatz

Cette place, baptisée en l'honneur de l'impératrice Sissi, accueille depuis 1903 le deuxième plus grand marché de Munich, après le Viktualienmarkt. *Plan F3 • marché : lun.-sam. 8h-20h.*

4 Alter Nördlicher Friedhof

L'ancien cimetière du Nord (1866) est devenu un jardin public. Les enfants jouent sur les pelouses parmi les monuments funéraires, et les adultes bavardent sur les bancs. *Entre Zieblandstr., Arcisstr., Adalbertstr. et Luisenstr. • plan F3.*

5 Luitpoldpark

Les gravats hérités des bombardements de la Seconde Guerre mondiale à Schwabing servirent à l'aménagement du parc Luitpold. La charmante Bamberger Haus, néobaroque, possède une terrasse, très agréable les soirs d'été *(p. 39).*

6 Nikolaiplatz et Seidlvilla

À l'angle de la Siegesstrasse et de la Maria-Josepha-Strasse, sur une petite place, une villa de 1905 renferme un centre de conférences, accueillant aussi concerts et expositions. *Plan G2 • www.seidlvilla.de*

7 Kaiserplatz et Kaiserstrasse

Le tableau de Kandinsky représentant l'église Sainte-Ursule est visible à la la Lenbachhaus. Des maisons pittoresques du XIXe s. bordent la Kaiserstrasse. *Plan F2.*

8 BMW Museum

La tour BMW, au plan en forme de trèfle à quatre feuilles, et son musée hémisphérique ont rouvert en 2008, après de gros travaux de rénovation. Les expositions traitent de l'histoire du design automobile, et les vieilles BMW réjouiront les amateurs. *Am Olympia Park 2 • plan E1 • ouv. mar.-dim. 10h-18h.*

9 Museum Reich der Kristalle

Ce musée minéralogique est installé à côté de la Pinakothek der Moderne. *Theresienstr. 41 • plan L2 • ouv. mar.-dim. 13h-17h.*

10 Musées de la Prinzregentenstrasse

En haut de la rue se trouvent la Haus der Kunst, le Bayerisches Nationalmuseum et la Sammlung Schack *(p. 36-37).*

Un petit café chaleureux est installé sur l'Elisabethplatz.

Gauche **Buchhandlung Lehmkuhl** Droite **Japanalia**

TOP 10 Boutiques

1 Buchhandlung Lehmkuhl

Cette agréable librairie de la Leopoldstrasse propose une bonne sélection d'ouvrages et organise régulièrement des lectures. ✆ *Leopoldstr. 45 • plan G3.*

2 Natascha Müllerschoen

La boutique de cette styliste munichoise, réputée pour son originalité, mérite au moins une visite de curiosité. ✆ *Siegesstr. 12 • plan G2.*

3 Kandis et Kandismann

Ann Dörr utilise des matériaux de qualité pour créer ses objets, parfois très extravagants. ✆ *Hohenzollernstr. 29 • plan F2.*

4 Japanalia

Du service à thé au kimono, en passant par le mobilier, ce magasin rassemble de beaux objets japonais, neufs et anciens. ✆ *Herzogstr. 7 • plan F2.*

5 Autorenbuchhandlung

Fondée par des auteurs soucieux de se libérer des diktats de l'industrie du livre, cette librairie organise souvent des lectures. ✆ *Wilhelmstr. 41 • plan F2.*

6 Mashallah

La boutique, fililale de Kokon *(p. 83)* propose des textiles et des accessoires de décoration d'intérieur d'un style associant Orient et Occident. ✆ *Schellingstr. 52 • plan L2.*

7 Momento

Vous y trouverez notamment des chaussures de la marque Arche. Non loin de là, Fabri propose ses modèles de l'année dernière à des prix discount. ✆ *Hohenzollernstr. 40 • plan F2.*

8 Antiquariat Kitzinger

Juste à côté de l'Institut d'études allemandes de l'université, les livres s'empilent jusqu'au plafond dans cette échoppe de bouquiniste à l'ancienne. ✆ *Schellingstr. 25 • plan L2.*

9 Small Bag

Allez fouiner dans la boutique de Gisela Rädlein. Vous y trouverez des articles anciens ou branchés, pratiques ou tout simplement originaux (bijoux en argent, fichus, pendules anciennes, etc.). ✆ *Herzogstr. 11 • plan L2.*

10 Silver and more

Une des meilleures adresses de Munich où se procurer des bijoux en argent et du mobilier. ✆ *Türkenstr. 69 • plan L1.*

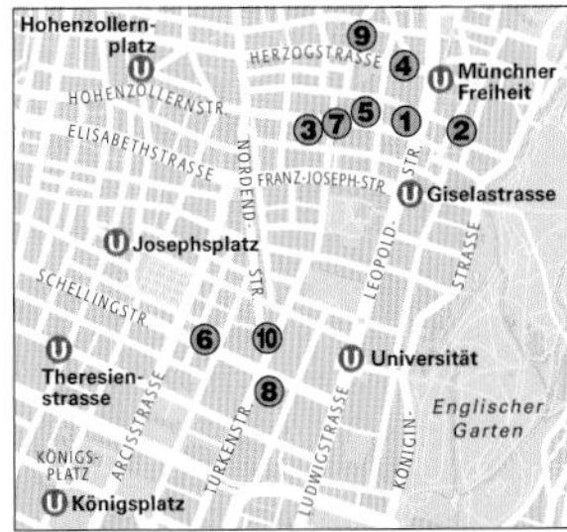

Principales rues commerçantes de Munich **p. 66-67.**

Gauche **Terrasse du Café Münchner Freiheit** Centre **Schmock** Droite **Caffé Florian**

TOP 10 Cafés, bistros et bars

1 Café Münchner Freiheit

Ce café sur plusieurs niveaux borde au nord la Münchner Freiheit. Une effigie de l'acteur Helmut Fischer est attablée à la terrasse. Idéal pour le déjeuner.
Münchner Freiheit • plan G2.

2 Café Reitschule

Cet établissement, à la périphérie de l'Englischer Garten, possède trois terrasses, un *Biergarten* et un jardin d'hiver. Il a vue sur l'école d'équitation qui lui a donné son nom.
Königinstr. 34 • plan G3.

3 Caffé Florian

Ce petit restaurant, qui propose des spécialités italiennes, dispose d'une jolie terrasse. Au sous-sol, le Coccodrillo sert des cocktails, le soir. *Hohenzollernstr. 11 • plan F2.*

4 Amaliencafé

Étudiants de l'université voisine, comme employés de bureau, viennent ici à midi pour un cappuccino ou un snack.
Amalienstr. 37 • plan L2.

5 Café an der Uni (Cadu)

Parfait pour une pause lors d'une promenade dans le quartier, ce café, au jardin d'hiver caché derrière un mur de la Ludwigstrasse, déborde sur le trottoir en été. On y prend des petits déjeuners qui portent les noms de prix Nobel.
Ludwigstr. 24 • plan M2.

6 Terrine

Cette succursale du Tantris sert une bonne cuisine française dans un cadre Art nouveau.
Amalienstr. 89 (passage) • plan L1.

7 Tresznjewski

Le Tresznjewski, près des pinacothèques, permet, selon l'heure ou l'envie, de prendre aussi bien un café qu'un petit déjeuner, un repas ou un cocktail.
Theresienstr. 72 • plan K2-L2.

8 Vorstadt-Café

Du petit déjeuner végétarien ou « mafioso » aux plats italo-thaïlandais, le choix, ici, est vaste.
Türkenstr. 83 • plan L1.

9 Schmock

Le bar Art nouveau et les spécialités juives (pour certaines, casher) attirent une clientèle branchée. *Augustenstr. 52 • plan J2.*

10 Atzinger

Ce bar d'étudiants reste fidèle aux années 1970.
Schellingstr. 9 • plan L2.

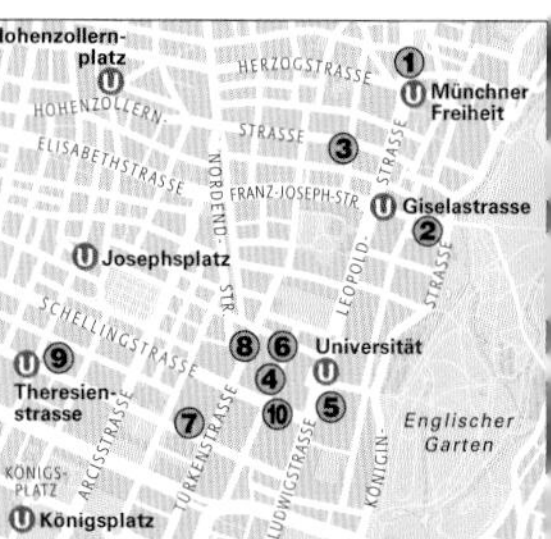

Autres lieux de restauration et de sortie à Munich **p. 24-25, 50-51, 58-65, 84-85, 102-103 et 110-111.**

Catégories de prix

Pour un repas avec	€	moins de 30 €
entrée, plat, dessert et un	€€	30 €-40 €
verre de vin ou de bière	€€€	40 €-50 €
(ou repas équivalent),	€€€€	50 €-60 €
taxes et service compris.	€€€€€	plus de 60 €.

Droite et gauche **Salle et jardin à bière de la Max-Emanuel-Brauerei**

TOP 10 Restaurants

1 Tantris
À la meilleure table de Munich, les prix reflètent la qualité des mets *(p. 64)*.

2 La Bouille
L'équipe du Werneckhof perfectionne sa cuisine provençale depuis plus de 20 ans. *Neureutherstr. 15 • plan K1 • (089) 39 99 36 • ouv. lun.-sam. 7h-minuit, mar. et ven. 12h-14h30 • €€-€€€.*

3 Osteria Italiana
Le plus vieux restaurant italien de la ville possède une cour superbe. *Schellingstr. 62 • plan K1 • (089) 272 07 17 • ouv. lun.-sam. 12h-14h30 et 18h30-23h • AH • €€-€€€.*

4 Le Sud
Un bistro français animé et bon marché, doté d'une terrasse. *Bismarckstr. 21 • plan F2 • (089) 33 088 738 • ouv. t.l.j. 18h-1h • AH • €-€€.*

5 Arabesk
Concluez un repas arabo-libanais en fumant le narguilé ou, le week-end, en regardant les danseuses orientales. *Kaulbachstr. 86 • plan M1 • (089) 33 37 38 • ouv. lun.-jeu. 12h-15h, 18h-1h, ven. et sam. 12h-15h, 18h-3h • €€.*

6 Tijuana Café
Ce bon tex-mex est doté d'une agréable terrasse en été. *Leopoldstr. 13 • plan F2 • (089) 33 04 07 24 • ouv. t.l.j. 19h-1h • €.*

7 Max-Emanuel-Brauerei
Cette brasserie traditionnelle du XIXe s. est dotée d'un beau jardin à bière de 750 places. Elle organise, pendant le Carnaval, de superbes Weisse Feste. *Adalbertstr. 33 • plan L1 • (089) 271 51 58 • ouv. t.l.j. 11h-1h (à partir de 17h nov.-mars) • €-€€.*

8 Osterwaldgarten
Cet établissement bavarois de l'Englischer Garten attire une clientèle familiale. Il est souvent bondé. *Keferstr. 12 • plan G2 • (089) 38 405 040 • ouv. t.l.j. 10h-1h • €.*

9 Kun-Tuk
Dragons rouges et lampions constituent la décoration de ce restaurant thaï. *Amalienstr. 81 • plan L2 • (089) 28 37 00 • ouv. lun.-ven. 11h-17h, 18h-1h, sam. et dim. 18h-1h • €-€€.*

10 Elia
Ce restaurant propose des classiques grecs, servis en terrasse l'été. *Herzogstr. 90 • plan F2 • (089) 36 03 54 55 • t.l.j. 12h-1h (dim. 17h-1h) • €€.*

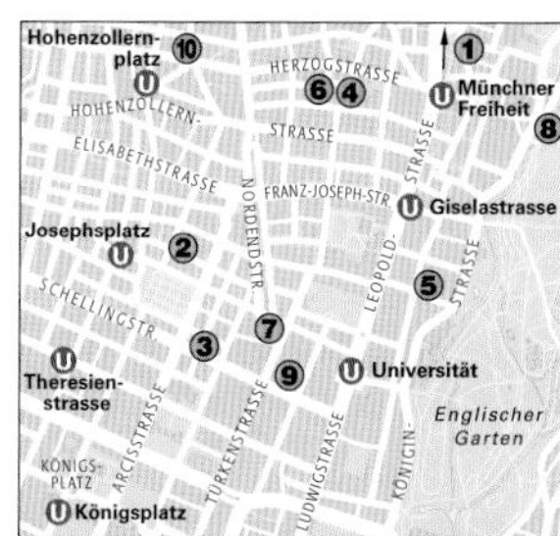

Sauf indication contraire, tous les restaurants acceptent les principales cartes bancaires et ne sont pas accessibles en fauteuil roulant.

Gauche **Müller'sches Volksbad** Centre **Maximilianbrücke** Droite **Gasteig**

Au fil de l'Isar

Quatre quartiers à la personnalité bien distincte bordent l'Isar à l'est. Lieu de résidence apprécié de la haute bourgeoisie, Bogenhausen abrite de nombreuses villas. Très animé, Haidhausen est réputé pour ses bars. Au et Giesing conservent, par endroits, le charme des vieux faubourgs ouvriers. Tous s'étendaient du « mauvais côté » de l'Isar. Ils ont longtemps gardé leur caractère rural, ce que reflète la situation des sites de visite pour la plupart proches de la rivière, comme le Müller'sches Volksbad et la Villa Stuck, ou installés sur ses îles (Deutsches Museum). Sur l'autre rive, Glockenbach est devenu le haut lieu de la scène gay (p. 62-63), Lehel est riche en édifices historiques, et l'Englischer Garten offre un vaste espace de promenade.

TOP 10 À ne pas manquer

1. Friedensengel
2. Museum Villa Stuck
3. Prinzregententheater
4. Maximilianeum
5. Gasteig
6. Müller'sches Volksbad
7. Deutsches Museum
8. Praterinsel et Alpine Museum
9. Pont de l'Isar
10. Auer-Mühlbach et Valentin-Haus

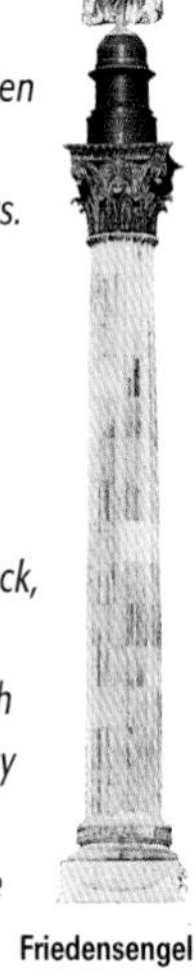

Friedensengel

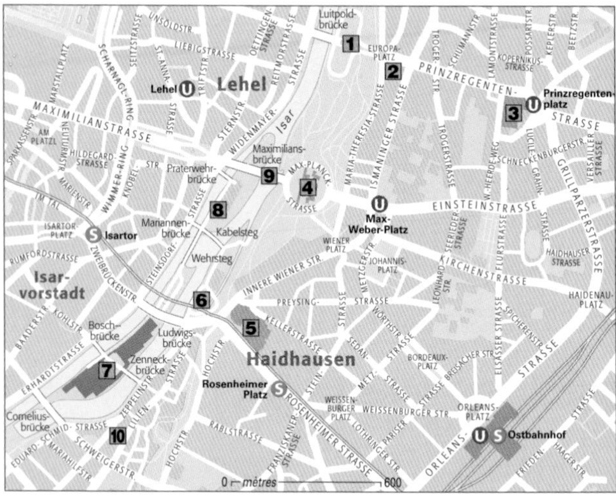

Pages précédentes **Pavillon thaïlandais, Westpark**

1 Friedensengel

Perchée au sommet d'une colonne de 23 m, cette statue dorée baptisée « Ange de la paix », a pour modèle la déesse grecque de la victoire, Niké. Inaugurée en 1899, elle commémore la guerre franco-prussienne de 1870. À ses pieds, deux volées de marches descendent jusqu'à un parc agrémenté de fontaines.
Prinzregentenstr. • plan P3.

Maximilianeum, siège du Parlement bavarois

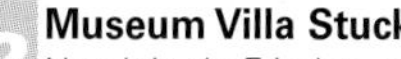

2 Museum Villa Stuck

Non loin du Friedensengel, la maison dont le peintre Franz von Stuck dessina les plans et conçut entre 1897 et 1898 l'aménagement intérieur pour son usage personnel, offre un superbe exemple d'architecture Art nouveau. Fils de meunier, von Stuck devint l'une des figures majeures du Jugendstil *(p. 88)*, et eut Kandinsky et Klee comme élèves. Transformée en musée en 1968, son ancienne résidence, dont l'aménagement a été préservé, renferme une sélection de ses œuvres. Celles-ci ont pour thèmes de prédilection le péché et la mort. L'aile de l'atelier accueille des expositions temporaires *(p. 37)*.

***Le Péché*, villa Stuck**

Prinzregententheater

3 Prinzregententheater

Le théâtre du Prince-Régent s'intègre dans un ensemble d'édifices monumentaux bâtis à Bogenhausen, sur la Prinzregentenstrasse *(p. 43)*. À côté, le Prinzregentenbad abrite une piscine municipale. En face se trouve Feinkost Käfer, un traiteur réputé.
Prinzregentenplatz 12 • plan H4.

4 Maximilianeum

Cet édifice de Haidhausen, élevé entre 1857 et 1874 d'après des plans de Friedrich Bürklein, ferme la Maximilianstrasse sur la rive gauche de l'Isar. Il était, à l'origine, destiné à abriter une école pour enfants socialement défavorisés ; il devint, en 1949, le siège du Parlement bavarois. L'école se trouve désormais à l'arrière.
Max-Planck-Str. 1 • plan P4-P5.

5 Gasteig

Ce centre culturel créé en 1978 *(p. 43)* est situé à l'emplacement d'un ancien hôpital et de la Bürgerbräukeller, où Georg Elser tenta de tuer Hitler en 1939. Il accueille, entre autres, l'Institut de formation pour adultes (Volkshochschule) et la bibliothèque municipale.
Rosenheimer Str. 5 • plan N6.

Sur le Gasteig, près de l'immeuble GEMA, une plaque rappelle la tentative d'attentat contre Hitler de Georg Elser en 1939.

Müller'sches Volksbad

6 Müller'sches Volksbad

La construction de ces bains Art nouveau, commandée à Carl Hocheder par l'entrepreneur Karl Müller, commença en 1897. La première piscine publique de Munich ouvrit en 1901. Elle reste l'une des plus belles de la ville et mérite une visite pour le simple coup d'œil. Le bassin destiné aux hommes s'étendait sous une voûte en berceau. Les femmes nageaient sous une coupole. Les services comprennent un bain de vapeur romano-celtique. Le Café im Volksbad permet de reprendre des forces après l'effort. *Plan N5.*

Le quartier de Glasscherben

Du temps où il n'était qu'un pauvre village hors des limites de la ville, Haidhausen portait le surnom de « Glasscherbenviertel », le « quartier du verre brisé ». Les indemnités de guerre versées par la France après la défaite de 1871 financèrent son développement, d'où des noms comme Pariser Strasse, Sedanstrasse et Bordeauxplatz.

7 Deutsches Museum

L'île de l'Isar abrite le plus grand musée du monde consacré aux sciences et aux technologies. Il rouvrit dès 1948, après avoir été aux trois quarts détruit par les bombardements de la Seconde Guerre mondiale. Prévoyez au moins une journée pour en découvrir les principaux départements *(p. 8-11)*. Le musée est ouvert pendant les travaux de rénovation, prévus jusqu'en 2015.

8 Praterinsel et Alpine Museum

Une île prolonge celle occupée par le Deutsches Museum : la Praterinsel. Le Club alpin allemand, fondé en 1869, y gère l'Alpine Museum, dont la collection retrace l'histoire de l'alpinisme. Le musée propose aussi des expositions thématiques. Un jardin pédagogique renferme des roches des régions alpines. D'anciens bâtiments industriels de la distillerie Riemerschmid ont été transformés en centre culturel, avec différents espaces pour les foires et événements. Le centre organise des expositions et des manifestations. En été, des amateurs de tango et de salsa se réunissent dans la cour intérieure pour danser. *Plan N5.*

9 Pont de l'Isar

Les ponts franchissant la rivière offrent des points de vue magnifiques. Entre le Deutsches Museum et le Müller'sches Volksbad, le Ludwigsbrücke occupe un site d'une importance historique particulière. C'est en effet là que Henri le Lion (Henri XII de Bavière) construisit son propre pont, sur la route du sel, après avoir fait démolir,

Le site Internet de l'organisme gérant les ateliers d'artistes de la Praterinsel retrace l'histoire de l'île : **www.praterinsel.de**

Équipement vers 1900, Alpine Museum

en 1156, celui contrôlé par l'évêque de Freising, près de l'actuel Oberföhring. Il récupérait ainsi de lucratifs droits de péage. Un village se développa en ce lieu de passage où s'était installé un monastère bénédictin. La localité prit plus tard le nom de München (littéralement « près des moines »). *Plan M6-N6.*

10 Auer-Mühlbach et Valentin-Haus

Plusieurs petits cours d'eau traversaient autrefois la capitale bavaroise. La plupart ont été recouverts ou comblés, mais l'Auer Mühlbach circule toujours en plein air à l'est de Isar. Au sud du Ludwigsbrücke, il enserre une île où se dresse un pâté de maisons historiques restaurées qui porte le nom du cours d'eau. L'acteur satirique et réalisateur de films Karl Valentin *(p. 35)* naquit à proximité, au 41 Zeppelinstrasse. Le bâtiment n'est pas ouvert au public. *Plan N6.*

Centre culturel, Praterinsel

Un jour au fil de l'Isar

Le matin

Après un café ou un petit déjeuner au **Café im Volksbad** du **Müller'sche Volksbad**, tournez à gauche le long de l'Isar pour atteindre la passerelle menant à la **Praterinsel**. Traversez le jardin pédagogique de l'**Alpine Museum** (entrée gratuite) et faites un bref arrêt au **Centre culturel**, en vous dirigeant vers le Maximiliansbrücke. Le pont vous conduira au **Maximilianeum**. Dépassez le monument, puis tournez à droite dans la Sckellstrasse. Depuis la Wiener Platz, occupée par des éventaires de marché, la ruelle An der Kreppe mène à plusieurs tavernes historiques du quartier de Glasscherben. Sur la place, le **Hofbräukeller** est doté d'un *Biergarten* (les prix sont raisonnables).

L'après-midi

Revenez sur la Sckellstrasse, traversez l'Einsteinstrasse puis suivez la Maria-Theresia-Strasse, bordée de maisons de la fin du XIXe siècle et de la période Art nouveau. Vous pourrez ensuite flâner à votre guise dans l'agréable parc **Maximilian-Anlagen**. Quel que soit le chemin emprunté, vous parviendrez au **Friedensengel**. Marchez encore quelques minutes pour atteindre la **Villa Stuck**, véritable joyau du Jugendstil *(p. 88)*. Vous pourrez prendre un café au **Wiener's** (Ismaninger Strasse 71a), près de l'arrêt du tram no 16. Celui-ci vous ramènera à la Karlsplatz, en passant par certains des plus beaux sites de Munich.

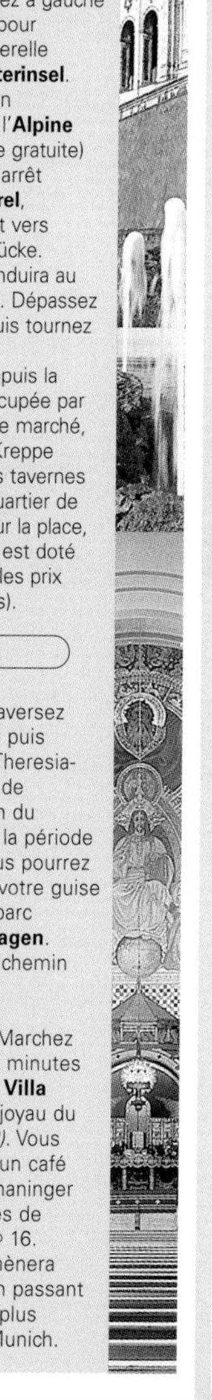

Dans les années 1860, il existait 64 brasseries au bord de l'Isar, entre la Wiener Platz et le site du Gasteig.

Gauche **Nikolaikirche** Centre **Hofbräukeller** Droite **Portail néoroman de l'Annakirche**

TOP 10 Autres visites

1 An der Kreppe

Les tavernes jadis fréquentées par des journaliers et des briquetiers donnent un aspect villageois à cette partie de Haidhausen. *An der Kreppe (Wiener Platz) • plan P5.*

2 Hofbräukeller

Le petit frère de la Hofbräuhaus sert aussi la fameuse bière. L'immeuble néo-Renaissance *(p. 25)* possède un jardin à bière. *Wiener Platz • plan P5 • www.hofbraeukeller.de*

3 Nikolaikirche

Cette petite église proche de l'Isar fit sa première apparition dans les annales en 1313. *Innere Wiener Str. 1 • plan N5.*

4 Lehel

Le quartier de Lehel renferme de nombreux édifices datant des années de la fondation du Reich (*Gründerzeit)*, entre autres autour de la Thierschplatz. *Plan M5.*

5 Sankt Lukas

L'église Saint-Luc est réputée pour ses concerts choraux *(p. 41)*. *Mariannenplatz 3 • plan N5.*

6 Klosterkirche St. Anna

Ce bijou rococo dans le quartier de Lehel a été construit par Johan Michael Fisher et orné par les talentueux frères Asam *(p. 40)*. *St.-Anna-Platz 21 • plan M4.*

7 Annakirche

L'église paroissiale Sainte-Anne, néoromane, a été achevée en 1892. Elle a été réalisée dans le cadre d'un concours d'architecture. *St.-Anna-Platz 5 • plan N4.*

8 Maximilianstrasse et Maxmonument

De majestueux édifices publics, dont le Völkerkundemuseum et le Parlement de Haute-Bavière, bordent la Maximilianstrasse. Une statue de Maximilien II se dresse au centre du rond-point. *Plan M4-N4.*

9 Staatliches Museum für Völkerkunde

Cet édifice caractéristique de l'époque maximilienne, bâti entre 1859 et 1865, abrite le Völkerkundemuseum (musée d'Ethnologie) depuis 1926, dont les collections comprennent plus de 300 000 objets *(p. 37)*.

10 Musées de la Prinzregentenstrasse

Au début de la rue du Prince-Régent, à l'ouest de l'Isar, se trouvent plusieurs musées : la Haus der Kunst, le Bayerisches Nationalmuseum et la Sammlung Schack *(p. 36-37)*.

Monument à Maximilien II

Le bus nº 100 emprunte la Prinzregentenstrasse et dessert plusieurs musées.

Gauche **Entrée de Feinkost Käfer** Centre **Eltje Rick** Droite **Keramikunst und Pinselstrich**

TOP 10 Boutiques et marchés

1 Feinkost Käfer
Dans le quartier résidentiel de Bogenhausen, la haute bourgeoisie munichoise joue des coudes devant les rayons de l'épicerie fine de Gerd Käfer.
Prinzregentenstr. 73 • plan H4.

2 Grüner Markt
Cette grande boutique vend toutes sortes d'articles biologiques, des en-cas aux produits cosmétiques.
Weissenburgerstr. 5 • plan P6.

3 Markt am Wiener Platz
Les kiosques permanents de la Wiener Platz ouvrent du lundi au samedi. Des éventaires de forains donnent un peu plus d'ampleur au marché.
Wiener Platz • plan P5.

4 Weltladen
Du café organique au papier artisanal indien, vous n'y trouverez que des produits du commerce équitable.
Weissenburgerstr. 14 • plan P6.

5 Eltje Rick
Un styliste munichois vend ici des vêtements sur mesure et de prêt-à-porter. *Steinstr. 57 • plan P6.*

6 Candle-Light
Si vous aimez les bougies et que vous êtes sensible à l'esprit feng shui, cet endroit est fait pour vous.
Metzstr. 13 • plan P6.

7 KeramiKunst und Pinselstrich
Décorez vous-même des objets en céramique cuite, non émaillée. Vous emporterez ainsi un souvenir unique.
Sedanstr. 18 • plan P6 • www.keramikunst-pinselstrich.de

8 Esoterischer Buchladen
Cette « librairie ésotérique » vend des livres ainsi que des huiles aromatiques, des tarots et des cristaux de sel de l'Himalaya.
Sedanstr. 29 • plan P6.

9 Liquid
Vous trouverez ici toutes sortes de liquides, de l'huile au cognac, en passant par les vins fins, ainsi que tous les accessoires pour les consommer.
Pariser Str. 36 • plan P6.

10 Weissenburger Strasse
Chausseurs, opticiens et marchands de légumes, entre autres, bordent la principale rue commerçante de Haidhausen. Un grand magasin se trouve à l'Ostbahnhof. *Plan P6.*

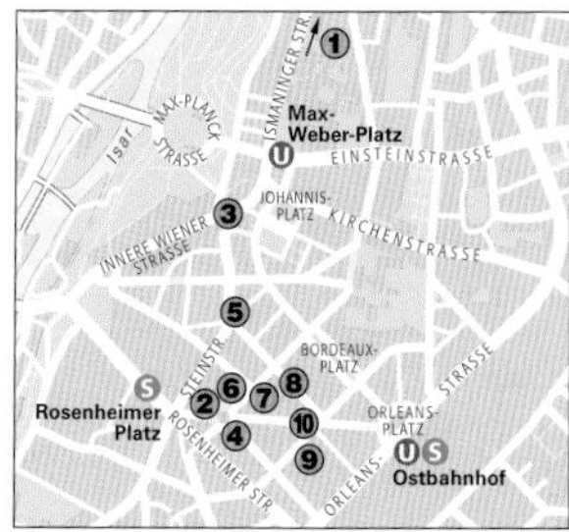

Faire des achats à Munich **p. 66-67**

Gauche **Café im Volksbad** Droite **Café Wiener Platz**

TOP 10 Cafés et bars de Haidhausen

1 Café im Hinterhof
Ce café au décor Art nouveau propose un grand choix de plats au petit déjeuner. Un repas léger est servi à midi. *Sedanstr. 29 • plan P6.*

2 Café Wiener Platz
Ce lieu de rendez-vous branché propose des petits déjeuners jusque tard dans la nuit, en terrasse l'été. *Innere Wiener Str. 48 • plan P5.*

3 Negroni
Ce bar de style américain sert un grand choix de boissons, notamment de superbes cocktails. Des tables sont dressées dehors en été. *Sedanstr. 9 • plan P6.*

4 Café Fortuna
Ce café de quartier, de style italien, propose un excellent chocolat chaud. *Sedanstr. 18 • plan P6.*

5 Café im Volksbad
L'établissement de restauration du Müller'sches Volksbad, de style Art nouveau, sert des mets italiens sous une verrière ou dans la cour d'entrée. *Rosenheimer Str. 1 • plan N5.*

6 Eiscafé Venezia
La salle de l'un des derniers glaciers italiens de Munich rappelle les années 1970. Aux beaux jours, on s'installe en terrasse. Grand choix de parfums. *Pariser Platz • plan P6.*

7 Maria Passagne
Ce petit bar intime, ouvert assez tard le soir, ne sert que des sushis. La réservation est indispensable car plus personne ne rentre quand toutes les tables sont prises. *Steinstr. 42 • plan P6.*

8 Teatro Tapas
Le Teatro expose un riche choix de tapas sur son long comptoir. Les scènes méditerranéennes projetées sur les murs en font un endroit chaleureux. *Balanstr. 23 • plan G6.*

9 Lisboa Bar
Ce bistro portugais sans prétention est apprécié des habitants du quartier pour ses généreuses portions. Le porto et le poisson, la morue en particulier, y sont à l'honneur. *Breisacher Str. 22 • plan H5.*

10 Julep's
Les barmen maîtrisent 200 recettes de cocktails. Ce bar américain rustique *(p. 60)* propose aussi des plats américains et tex-mex.

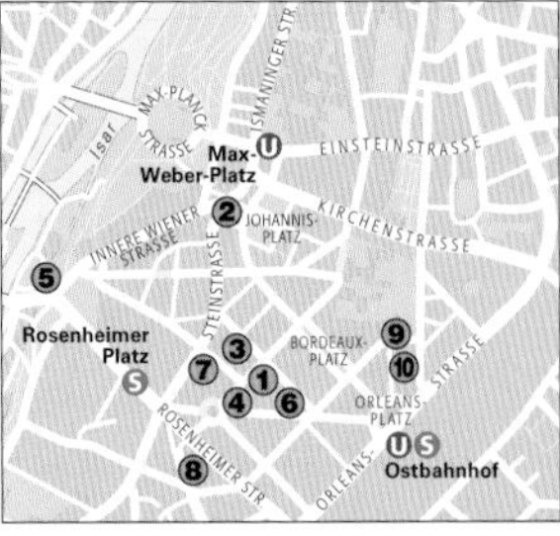

Autres lieux de restauration et de sortie à Munich **p. 24-25, 50-51, 58-65.**

Catégories de prix

Pour un repas avec entrée, plat, dessert et un verre de vin ou de bière (ou repas équivalent), taxes et service compris.

€	moins de 30 €
€€	30 €-40 €
€€€	40 €-50 €
€€€€	50 €-60 €
€€€€€	plus de 60 €.

Gauche **Un restaurant de Haidhausen** Droite **Rue des Halles**

TOP 10 Restaurants de Haidhausen

1 Tramin

Plats européens modernes et spécialités allemandes sont préparés avec des ingrédients de qualité. Le menu à 65 € qui comprend quatre plats est d'un excellent rapport qualité/prix. *Lothringer Str. 7 • plan G6 • (089) 44 45 40 90 • ouv. mar.-sam. 18h-1h • €€€€€.*

2 Rue des Halles

La réputation de ce restaurant français ne faiblit pas depuis 20 ans *(p. 65)*.

3 Le Bousquérey

Ce petit restaurant français est réputé pour ses plats de poisson. *Rablstr. 37 • plan G5 • (089) 48 84 55 • ouv. t.l.j. 18h-1h • €€-€€€.*

4 Le Faubourg

Les petites tables, dont quelques-unes en terrasse, la carte des vins et l'ardoise où sont notés les plats du jour évoquent le bistro parisien. *Kirchenstr. 5 (Johannisplatz) • plan P5 • (089) 47 55 33 • ouv. 18h-1h ; f. dim. • €€-€€€.*

5 Zum Kloster

Risquez-vous dans ce pub au style campagnard où l'on sert des plats faits maison à partir de produits bio. L'été, profitez des confortables sièges qui sont installés à l'ombre, sous les arbres. *Preysingstr. 77 • plan P5 • (089) 447 05 64 • ouv. t.l.j. 10h-1h • €.*

6 Vinaiolo

Les vins, excellents, accompagnent des plats italiens. *Steinstr. 42 • plan P6 • (089) 48 950 356 • ouv. dim.-ven. 12h-14h30 et 18h30-0h30 • €€€-€€€€.*

7 Wirtshaus in der Au

Les plats traditionnels bavarois sont à déguster avec une bière maison. *Lilienstr. 51 • plan M6-N6 • (089) 44 81 400 • ouv. t.l.j. 17h-minuit • €.*

8 Il Cigno

Cette bonne *osteria* possède une terrasse. *Wörthstr. 39 • plan P6 • (089) 448 55 89 • ouv. lun.-ven. 11h30-14h30, 17h30-23h, sam.-dim. 11h30-23h • €.*

9 Hofbräukeller

Des châtaigniers ombragent le *Biergarten* de cette brasserie traditionnelle *(p. 25 et 100)*.

10 Taverna Paros

Cuisine grecque à partir de viandes et légumes parfumés. *Kirchenstr. 27 • plan H5 • (089) 470 29 95 • ouv. t.l.j. 17h-1h • €-€€.*

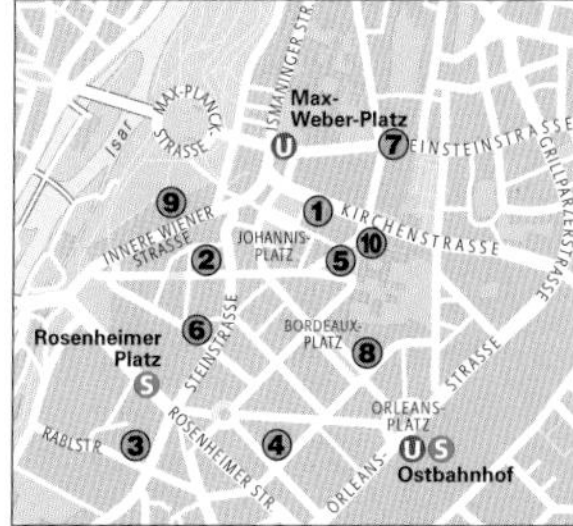

Sauf indication contraire, tous les restaurants acceptent les principales cartes bancaires et ne sont pas accessibles en fauteuil roulant.

Gauche **Tierpark Hellabrunn** Centre **Plafond du Schloss Nymphenburg** Droite **Schloss Grünwald**

Le sud et l'ouest

Au sud et à l'ouest du centre-ville s'étend une vaste zone résidentielle qui comprend deux quartiers proches de la gare principale. Le premier, Neuhausen, a pour cœur la Rotkreuzplatz. Dans les rues arborées qui l'entourent, de nombreux bars et restaurants ont ouvert ces dernières années au pied d'immeubles datant de la fin du XIXe s. Le second, Westend, possède davantage de caractère grâce à la présence d'une population multiculturelle. Il séduit de plus en plus les milieux créatifs, notamment près de l'Alte Messe. L'ambiance devient plus cossue vers le sud, à Harlaching et, surtout, à Grünwald où de somptueuses villas nichées dans la forêt jalonnent la route du tramway no 25. L'Isar a retrouvé ici son cours naturel et sinueux, que de superbes sentiers permettent de suivre à pied. La plage de gravier fin de Flaucher et son Biergarten *se trouvent près du parc zoologique municipal.*

Chapelle, Blutenburg

TOP 10 À ne pas manquer

1. Bavaria
2. Alte Messe et Verkehrszentrum
3. Westend
4. Westpark
5. Neuhausen
6. Schloss Nymphenburg et Schlosspark
7. Botanischer Garten
8. Schloss Blutenburg
9. Tierpark Hellabrunn
10. Grünwald

1 Statue de Bavaria

Munich possède une allégorie de la Bavière haute de 18 m. Brandissant une couronne de feuilles de laurier, un lion à son côté, elle veille sur la Theresienwiese, où se tient l'Oktoberfest *(p. 22-23)*. La statue inaugurée en 1850, dessinée par Ludwig Schwanthaler et fondue par Ferdinand von Miller, renferme une plate-forme d'observation, dans sa tête. Elle tourne le dos à la Ruhmeshalle néoclassique de Leo von Klenze. *Theresienhöhe 16 • plan D5 • ouv. avr.-mi-oct. : t.l.j. 9h-18h (20h pendant l'Oktoberfest) • EP.*

2 Alte Messe et Verkehrszentrum

Depuis le déménagement de la foire commerciale à Riem, l'ancien parc des Expositions, l'Alte Messe, situé sur la Schwanthalerhöhe, a été reconverti avec imagination. Des immeubles de standing ont été construits sur le champ de foire, et la plupart des halles remplissent désormais une fonction culturelle. Trois d'entre elles abritent le Verkehrszentrum, l'annexe du Deutsches Museum dédiée aux transports *(p. 11)*. Non loin s'étend le Bavariapark, créé à la demande de Louis Ier *(p. 39)*.

Jardin chinois du Westpark

3 Westend

Avec une population à 40 % étrangère, Westend recèle de nombreux bars et commerces ethniques, grecs et turcs en particulier. Ceux-ci contribuent beaucoup à l'attrait d'un quartier qui est en train de devenir très en vogue dans le milieu artistique. Chaque année, de nouvelles galeries et agences de publicité s'y installent. *Plan D5.*

4 Westpark

Aménagée pour l'Exposition internationale d'horticulture de 1983, la partie ouest de cet espace vert, qui s'étend sur 72 ha, est particulièrement agréable, avec ses jardins japonais et chinois, sa pagode népalaise, son sanctuaire bouddhique thaïlandais ou ses échiquiers géants *(p. 38)*.

La statue de Bavaria accentue l'effet de perspective créé par la Ruhmeshalle

Les biotopes humides du Westpark sont riches de nombreuses espèces rares.

Palmenhaus

Les serres du jardin botanique couvrent une superficie de près de 1 ha. La Palmenhaus en occupe le centre. Les immenses palmiers qui lui ont donné son nom s'élèvent presque jusqu'à son toit, à une hauteur de 20 m. Les lianes qui s'y accrochent et les plantes tropicales poussant à leurs pieds donnent au lieu l'aspect d'une jungle.

5 Neuhausen

De vastes espaces verts aèrent le deuxième plus vaste quartier du centre de Munich. Un riche jardin botanique borde le parc Nymphenburg, et le Hirschgarten, fondé au XVIIIe s., abrite le plus grand *Biergarten* de la ville. Le cœur de Neuhausen est la Rotkreuzplatz. Les alentours de cette place regorgent de bars et de restaurants. De nombreux immeubles d'appartements, au cachet déjà ancien, en font une zone résidentielle populaire. Villas et maisons individuelles dominent aux approches de Nymphenburg. ⊗ *Plan C3-D3.*

Porcelaine, Schloss Nymphenburg

6 Schloss Nymphenburg et Schlosspark

Quand Adélaïde de Savoie mit au monde, en 1662, un héritier au trône de Bavière, son époux, l'électeur Ferdinand, célébra l'événement en finançant la construction de la Theatinerkirche *(p. 40)* et en commandant à l'architecte Agostino Barelli un palais d'été pour la jeune mère. Celle-ci dédia la résidence à la déesse romaine de la végétation et à ses nymphes. Le Schloss Nymphenburg connut ensuite plusieurs agrandissements, et le corps de bâtiment principal mesure aujourd'hui 650 m de long. Le vaste parc paysagé, à la fois à la française et à l'anglaise, abrite plusieurs pavillons des XVIIe et XVIIIe s. Une serre élevée vers 1820 offre un cadre lumineux au Schlosscafé *(p. 12-13)*.

7 Botanischer Garten

Le Jardin botanique créé en 1812 dans le centre de Munich *(p. 39)* s'y retrouva trop à l'étroit au début du XXe s. Aussi déménagea-t-il en 1914 sur un terrain de 22 ha proche du parc de Nymphenburg. Les visiteurs s'y promènent dans des sections thématiques : des parterres de plantes bavaroises, alpines ou médicinales, un bosquet de rhododendrons ou un jardin de bruyère *(p. 38)*.

8 Schloss Blutenburg

Un sentier conduit du parc Nymphenburg au Schloss Blutenburg entouré de prairies et de champs. Cet ancien pavillon de chasse, construit entre 1435 et 1439 à la demande du duc Albert III sur

Interieur, Schloss Nymphenburg

Promenades à pied dans le parc du Schloss Nymphenburg et à vélo jusqu'au Schloss Blutenburg **p. 70-71**

Chapelle du Schloss Blutenburg

une île de la Würm, a gardé un caractère rustique. Sa chapelle de style gothique tardif date de 1488. Siège de l'Internationale Jugendbibliothek, le château dispose d'un café-restaurant dans sa cour intérieure. *Plan A2.*

9 Tierpark Hellabrunn

Le Parc zoologique de Munich, fondé en 1911, fut, en 1928, le premier au monde à se définir comme un « géo-zoo » et à disposer les enclos et les pavillons contenant les animaux en fonction des origines géographiques de ces derniers. Chaque continent y a donc son espace propre *(p. 68)*.

10 Grünwald

Dans ce quartier de villas, au sud de la ville, s'élève le Schloss Grünwald dont les origines remontent au XIIIe s. Ce château sert d'écrin à une collection archéologique comprenant des objets romains. C'est à Grünwald que se trouvent aussi les studios de Geiselgasteig *(p. 54)* qui sont ouverts au public *(vis. guid.)*. *Plan S2.*

Un jour à Westend

La matin

Commencez par grimper jusqu'à la tête de **Bavaria** *(p. 105)* pour profiter de la vue sur la Theresienwiese. Derrière le Ruhmeshalle s'étend le **Bavariapark**. Traversez-le jusqu'à son extrémité nord pour découvrir les véhicules exposés dans les halles du **Verkehrszentrum** *(p. 11)*. Traversez ensuite la Heimeranstrasse pour rejoindre la Kazmairstrasse Vous pouvez vous arrêter au **Café Cocoa** (n° 24). Partez ensuite à la découverte du quartier multiculturel qui va de la Gollierplatz à la Georg-Freundorfer-Platz. Pour le déjeuner, essayez le bar-restaurant **Müller & Söhne** (Kazmairstr. 28) ou commandez un savoureux plat thaï chez **Kao Kao** (Tulbeckstr. 9).

L'après-midi

La Ganghoferstrasse et la Pfeuferstrasse vous feront franchir la voie du S-Bahn pour rejoindre la partie est du **Westpark**. Marchez vers l'ouest et dépassez la mystérieuse sphère de granit « flottante ». Dans les étangs se cachent des grenouilles. Il faut emprunter une passerelle enjambant une autoroute pour atteindre la partie ouest du parc, qui comprend des jardins chinois et japonais, une roseraie de plus de 2 000 fleurs et un lac artificiel. En été, sa scène en plein air accueille concerts, représentations théâtrales et projections de films. Le **See-Café** se prête à une pause et à la dégustation d'une pinte de bière. Mais vous pouvez lui préférer le restaurant de la roseraie.

Site Internet du jardin botanique : **www.botmuc.de**

Gauche **Flaucher** Centre **Bavaria Filmstadt** Droite **Grosshesseloherbrücke**

TOP 10 Autres visites

1 Flaucher
C'est la plage de l'Isar préférée des Munichois l'été. Beaucoup vont, après un bain de soleil, se désaltérer dans le jardin à bière Flaucher *(p. 24)*.

2 Flossländе
Les descentes de la rivière en radeaux de rondins depuis Wolfratshausen s'arrêtent ici (*p. 115)*. En aval, l'Isar a subi des travaux afin de retrouver son état naturel. Les vagues créées par le courant font du lieu un spot de surf aussi apprécié que celui sur l'Eisbach, près de la Haus der Kunst. L'Asam-Schlössl ainsi qu'une taverne et son *Biergarten* (Zentralländstrasse 30) permettent de se restaurer.

3 Asam-Schlössl
En 1724, Cosmas Damian Asam *(p. 35)* acquit cet édifice datant de 1687. Il décora sa façade de fresques. Le restaurant possède un joli jardin. *Maria-Einsiedel-Str. 45.*

4 Rives du sud de l'Isar et Grosshesseloherbrücke
Des sentiers suivent la rive droite de l'Isar. Au sud, le pont de Grosshesseloher franchit la rivière, permettant de gagner la brasserie Waldwirtschaft (Grosshesselohe, Georg-Kalb-Strasse 3). En longeant le cours d'eau, on arrive à l'ancienne gare d'Isartal, qui abrite une taverne, Isarbräu (Grosshesselohe, Kreuzeckstr. 23).

5 Marienklause
Martin Achleitner, éclusier sur l'Auer-Mühlbach, construisit cette chapelle en bois en 1865 pour rendre grâce d'avoir survécu à une crue et à un éboulement dans les gorges.

6 Gutshof Menterschwaige
Avec son jardin à bière, cette auberge de 1803, ancien nid d'amour de Lola Montès et Louis Ier, est un cadre agréable pour conclure une journée d'excursion. *München-Harlaching, Menterschwaigstr. 4.*

7 Geiselgasteig et Bavaria Filmstadt
Des visites guidées permettent de découvrir les studios de cinéma et de télévision de « Hollywood-sur-Isar » *(p. 54)*.

8 Kloster Schäftlarn
Cette abbaye fondée en 762 est située au pied d'un coteau boisé, entre Grünwald et Wolfratshausen. Elle conserve une église baroque. Sa brasserie et son jardin à bière sont populaires *(p. 123)*. *Plan S2.*

9 Hirschgarten
Le plus grand *Biergarten* de Munich se trouve près du Schloss Nymphenburg *(p. 24)*.

10 Nymphenburg
Dans cet élégant quartier résidentiel, des villas bordent les deux côtés de l'avenue menant au château. *Plan B2-B3, C2-C3.*

Des concerts ont lieu certains samedis dans l'église du monastère de Schäftlarn. Renseignements au (08178) 34 35.

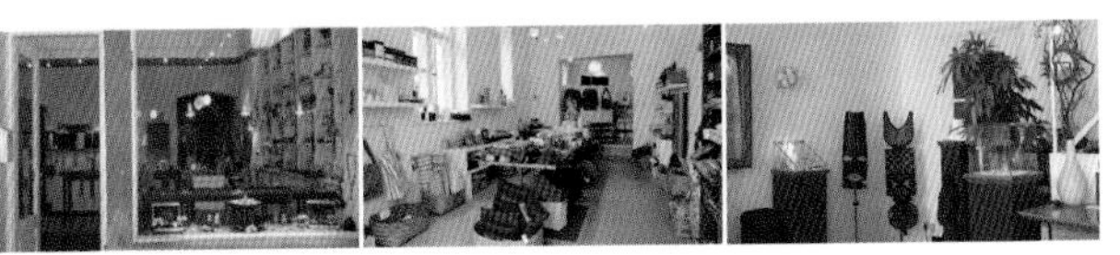

Gauche **Perlerie** Centre **Hussfeld & Zang** Droite **Schmuck und Objekte Herzkönig**

TOP 10 Boutiques

1 More & More

Petite boutique vendant des vêtements de femmes de haute couture d'inspiration italienne et d'un bon rapport qualité/prix. Le personnel est avenant.
Blutenburgstr. 93 • plan D3.

2 Moma Li Design

D'une simplicité trompeuse, les créations, toutes uniques, de la styliste Monica Liebetanz sont confectionnées à la main.
Bergmannstr. 52 • plan D5.

3 Hussfeld & Zang

L'accent est mis sur des articles au design allemand ou scandinave, tissus et ameublement. Les produits sont faits à partir de matières naturelles.
Blutenburgstr. 81 • plan D3.

4 American Heritage

On y trouve de véritables produits américains : beurre de cacahuète, rocking-chair Charlston, bannières étoilées, etc.
Nymphenburger Str. 182 • plan C3.

5 Nymphenburger Keramik

Ce magasin propose un large choix de carrelages, de la céramique émaillée à la pierre brute en passant par la faïence.
Nymphenburger Str. 131 • plan C3.

6 Moulin

Les bijoux créés par Christian Mühlbauer sont de véritables œuvres d'art. Le bijoutier réalise aussi des bijoux sur commande d'après les croquis de ses clients.
Leonrodstr. 47 • plan D3.

7 Who's Perfect

Ici, les articles de bureau et de maison haut de gamme ont de légers défauts, mais ils sont à moitié prix. Le mobilier exposé est aussi intéressant.
Landsberger Str. 350 • plan B4.

8 Schmuck und Objekte Herzkönig

Qu'il s'agisse de bagues, de pendentifs, de porte-clés ou de salières, les « parures et objets » en or, argent, platine et pierres précieuses du « roi de cœur » ont tous la même sophistication.
Blutenburgstr. 39 • plan D4.

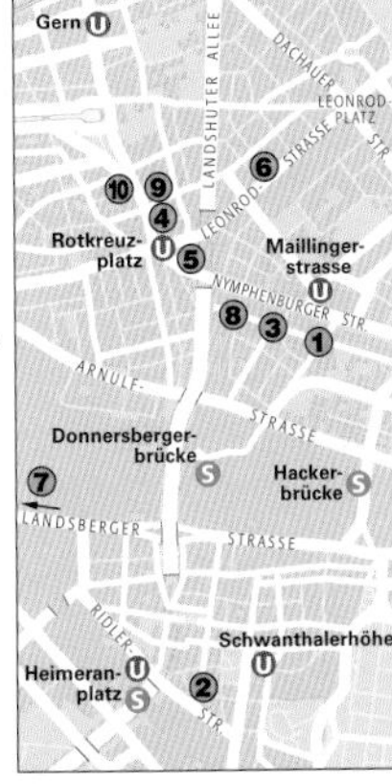

9 Perlerie

La boutique vend perles, pierres et tous les accessoires nécessaires pour fabriquer vos propres bijoux. *Volkartstr. 17 • plan C3.*

10 Garibaldi

Ce magasin de vins italiens bien fourni plaira aux connaisseurs. Il vend aussi des comestibles.
Nymphenburger Str. 188 • plan C3.

Faire des achats à Munich **p. 66-67.**

Gauche **Stragula** Centre **Wassermann** Droite **Ruffini**

TOP 10 Cafés et bars

1 Stragula

Une clientèle hétérogène fréquente cette brasserie sans prétention. Les habitués s'y retrouvent le soir autour d'une bière. Les prix des plats bavarois et italiens sont raisonnables, et quelques tables permettent de s'installer dehors en été. *Bergmannstr. 66 • plan D5.*

2 Café Westend

Au sous-sol de ce café-restaurant se trouvent des pistes de bowling et des tables de billard. *Ganghoferstr. 50 • plan D5.*

3 Marais Ladencafé

Situé dans une ancienne mercerie, ce café original a conservé la disposition des lieux et des articles d'origine. Un bon endroit pour faire une pause. *Parkstr. 2 • plan D5.*

6 Neuhauser

On déguste dans ce pub agréable des plats italiens ou l'on y savoure une bière ou un cocktail. Tables en terrasse l'été. *Schulstr. 28 • plan C3.*

7 Muffins 'n' More

Semblable à un musée, cette pâtisserie est aussi un café et un bar. Son cheesecake serait aussi bon que celui de Brooklyn, à New York. *Volkartstr. 25 • plan C3.*

8 Ruffini

Le plus ancien restaurant bio de Munich possède sa propre boulangerie ; ses pains à base de farine complète sont délicieux. À la belle saison, on peut prendre place sur le toit-terrasse. Certains soirs, des auteurs viennent lire leurs œuvres. *Orffstr. 22 • plan D3 • f. lun.*

4 Café Neuhausen

Ce café propose trois menus à midi et un brunch le dimanche. Son *Biergarten* ouvre à l'arrivée des beaux jours. *Blutenburgstr. 106 • plan D3.*

5 Wassermann

Des châtaigniers ombragent la terrasse de ce café-bar-restaurant qui accueille parfois des musiciens. *Elvirastr. 19 • plan D4.*

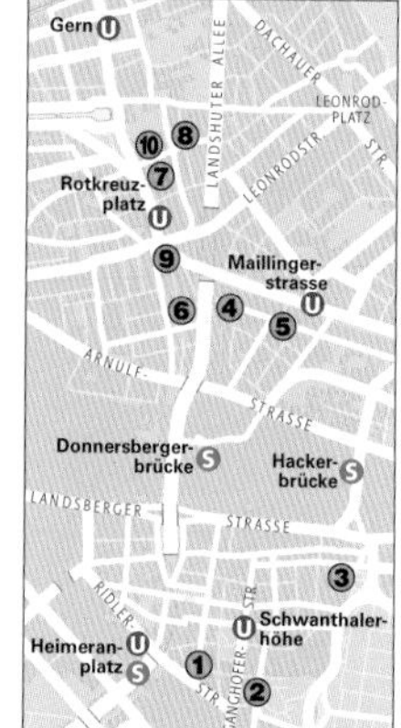

9 Sarcletti

Paul Sarcletti vendait déjà des crèmes glacées en 1879. Le magasin sur la Rotkreuzplatz existe depuis 1921. Une institution ! *Nymphenburger Str. 155 • plan C3.*

10 Hide-Out

Des groupes locaux jouent du blues, de la soul et du jazz dans ce bar. *Volkartstr. 22 • plan C3 • f. lun.*

Autres lieux de restauration et de sortie **p. 24-25, 50-51, 58-65, 92-93 et 102-103**.

Catégories de prix

Pour un repas avec entrée, plat, dessert et un verre de vin ou de bière (ou repas équivalent), taxes et service compris.

€	moins de 30 €
€€	30 €-40 €
€€€	40 €-50 €
€€€€	50 €-60 €
€€€€€	plus de 60 €.

Au-dessus **Acetaia**

TOP 10 Restaurants

1 Acetaia

Ce restaurant italien haut de gamme fait un grand usage du vinaigre balsamique, jusque dans les desserts. *Nymphenburger Str. 215 • plan C3 • (089) 13 929 077 • ouv. t.l.j. 12h-14h30 et 18h30-22h30 ; f. sam. midi • €€€€-€€€€€.*

2 Broeding

Ici, des vins fins autrichiens accompagnent des menus gastronomiques composés de cinq ou six plats. *Schulstr. 9 • plan C3 • (089) 16 42 38 • ouv. lun.-sam. à partir de 19h • €€€€€.*

3 Romans

Sa salle est élégante, sa terrasse romantique et sa cuisine italienne soignée. *Romanstr. 1 • plan C3 • (089) 168 98 98 • ouv. t.l.j. 11h-minuit • €€-€€€.*

4 Zapata

Cette adresse tex-mex, très populaire, est souvent bondée. *Schulstr. 44 • plan C3 • (089) 166 58 22 • ouv. t.l.j. 17h-1h • €.*

5 Zauberberg

Les mets allemands et méditerranéens sont préparés à base de produits frais. *Hedwigstr. 14 • plan D3 • (089) 18 99 91 78 • ouv. mar.-sam. 18h30-1h • f. dim.-lun. • €€-€€€.*

6 Marbella

Ce bar à tapas est d'un très bon rapport qualité/prix. Terrasse en été. *Horemansstr. 30 • plan C3-D3 • (089) 123 38 30 • ouv. lun.-sam. 18h-1h • pas de carte bancaire • €.*

7 Nymphenburger Hof

Ce restaurant chic avec un agréable patio ombragé sert une excellente cuisine autrichienne. *Nymphenburger Str. 24 • plan C3 • (089) 123 33 80 • ouv. lun.-ven. 12h-15h, 18h-1h, sam. 18h-1h • €€€€-€€€€€.*

8 Rüen Thai

Le Ruën Thai peut prétendre au titre de meilleur restaurant thaïlandais de Munich. *Kazmairstr. 58 • plan D5 • (089) 50 32 39 • ouv. lun.-mer. 12h-14h30, 18h-minuit, jeu.-dim. 18h-minuit • €€-€€€.*

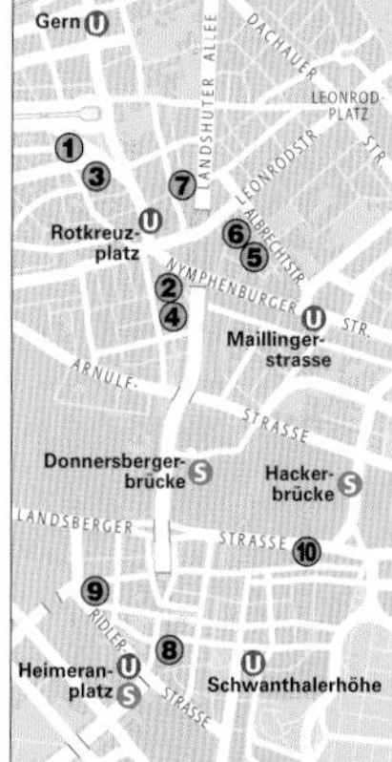

9 San Marino

Les pizzas et le vin de la maison, très abordables, peuvent être consommés en terrasse. *Westendstr. 161 • plan C5 • (089) 50 26 000 • ouv. lun.-sam. 11h30-14h30 et 18h-23h30 • €.*

10 Augustinerbräustuben

La brasserie occupe d'anciennes écuries et caves à bière, près de la Theresienwiese *(p. 51).*

Sauf indication contraire, tous les restaurants acceptent les principales cartes bancaires et ne sont pas accessibles en fauteuil roulant.

Alte Post

EXCURSIONS

Gauche **Neues Schloss, Schleissheim** Centre **Ammersee** Droite **Hôtel de ville, Landsberg am Lech**

TOP 10 Autour de Munich

1 Schloss Schleissheim

L'électeur Maximilien II Emmanuel entendait rivaliser avec Versailles quand il lança, en 1701, la construction du Neues Schloss, d'après des plans d'Enrico Zuccalli. Joseph von Effner acheva les travaux en 1719. Son parc baroque *(p. 39)* renferme un pavillon de chasse et le château de plaisance Schloss Lustheim. Ce petit palais contient une riche collection de porcelaines des débuts de la manufacture de Meissen. Le Flugwerft Schlessheim *(p. 11)* se trouve près du domaine. *Plan S2 • châteaux ouv. avr.-sept. : mar.-dim. 9h-18h ; oct.-mars : mar.-dim. 10h-16h • EP.*

2 Freising

La ville, siège d'un évêché depuis le VIIIe s., s'étend au bord de l'Isar, au pied du *Mons Doctus,* où s'élèvent le palais épiscopal et la cathédrale. Cette basilique à cinq nefs sans transept fut achevée en 1205. L'intérieur fut remanié dans le style baroque avec du stuc et des fresques par les frères Asam *(p. 35)* entre 1723 et 1724. L'un des piliers soutenant la voûte de la crypte romane, la *Bestiensäule,* est sculpté d'animaux fantastiques. Près de la cathédrale se trouve la plus vieille brasserie du monde, dans l'ancien monastère bénédictin de Weihenstephan. Elle possède un délicieux *Biergarten. Plan T1.*

Camp de concentration de Dachau

3 Dachau

Dans les collines bordant l'Amper, à 15 km au nord de Munich, la petite ville de Dachau entoure une ancienne résidence d'été des Witellsbach, un palais associant les styles Renaissance et baroque. Le site du premier camp de concentration créé par les nazis, en 1933, est devenu un mémorial aux milliers de personnes qui y périrent : le KZ Gedenkstätte. Une exposition relatant la chronologie du camp occupe les anciens bâtiments administratifs. *Schloss Dachau • (081 31) 879 23 • plan S2 • ouv. avr.-sept. : mar.-dim. 9h-18h ; oct.-mars : mar.-dim. 10h-16h • EP • KZ-Gedenkstätte Dachau, Alte Römerstr. 75 • (081 31) 66 99 70 • ouv. t.l.j. 9h-17h • EG.*

4 Herrmannsdorfer Landwerkstätten

Près de Glonn, à 30 km au sud-est de Munich, ce domaine d'agriculture et d'élevage biologiques vend sur place ses produits, notamment de la charcuterie, que l'on peut

Pages précédentes **Chalet coloré à Oberammergau**

déguster dans son restaurant. Il possède aussi un jardin à bière. Vous pourrez vous balader dans les champs et les prés, jalonnés de sculptures. *Plan T2.*

5 Kloster Andechs

Perchée sur une colline dominant la rive orientale de l'Ammersee, l'abbaye d'Andechs compte parmi les lieux de pèlerinage les plus fréquentés d'Allemagne. Certains s'y rendent cependant surtout pour sa bière, servie à la *Bräustüberl.* Sa charmante église gothique fut remaniée dans le style rococo entre 1750 et 1751. *Plan R2.*

6 Fürstenfeldbruck

Ce bourg, à 30 km à l'est de Munich, a conservé un hôtel de ville et des maisons de styles baroque et néoclassique, ainsi qu'une abbaye baroque d'Antonio Viscardi. Les frères Asam *(p. 35)* participèrent à la somptueuse décoration de l'intérieur de l'église. *Plan R2-S2.*

7 Wolfratshausen et descente de l'Isar en radeaux de rondins

Des maisons à pignon des XVIIe et XVIIIe s. bordent la grand-rue de Wolfrasthausen, à 30 km au sud de Munich sur la Loisach. Souvenirs de l'époque où la localité vivait en partie du flottage du bois, de grands radeaux en partent pour descendre l'Isar jusqu'au débarcadère de la Flosslände *(p. 108).* Ces joyeuses expéditions, copieusement arrosées, passent par les plus grandes chutes d'eau d'Europe. Elles ont un dénivelé de 18 m *Plan S3 • www.isarflossfahrten.de et www.schrall.com*

Vierge gothique, Fürstenfeldbruck

Bayertor, Landsberg

8 Ammersee

Le troisième lac de Bavière par la taille occupe un bassin glaciaire entouré de moraines boisées. Par temps clair, la vue sur les Alpes est magnifique. Dans les petites localités qui jalonnent la rive, on peut pratiquer des activités comme la voile, le canotage, le surf, la randonnée et la bicyclette. *Plan R2.*

9 Osterseen

Au sud du lac de Starnberg, près de Seeshaupt *(p. 32-33)*, une réserve naturelle protège les Osterseen, une vingtaine de lacs comptant parmi les plus chauds de Bavière. *Plan S3.*

10 Landsberg am Lech

Avec ses façades peintes en bordure du Lech et les gracieuses maisons anciennes de sa grand-place triangulaire, Landsberg paraît sorti d'un livre d'images. Le grand architecte Dominikus Zimmermann conçut l'hôtel de ville et l'occupa en tant que bourgmestre de 1749 à 1754. L'église paroissiale date de la fin du gothique, mais son intérieur est de style baroque. Une porte fortifiée de 1425, la Bayertor, a traversé les siècles. Haute de 36 m, elle offre une belle vue depuis son sommet. *Plan R2 • pour visiter l'hôtel de ville, appeler l'office de tourisme : (081 91) 12 82 46.*

Le S-Bahn (RER) dessert Oberschleissheim, Freising, Dachau, Fürstenfeldbruck, Wolfratshausen et l'Ammersee (Herrsching).

Gauche **Zugspitzplatt** Centre **Façade peinte à Oberammergau** Droite **Eibsee**

Garmisch-Partenkirchen et Zugspitze

Prairies d'un vert soutenu, sommets enneigés, défilés profonds où courent des torrents, monastères d'origine médiévale, maisons séculaires aux façades peintes... La partie de la Bavière baptisée « Werdenfelser Land » dévoile un paysage de carte postale et attire de nombreux visiteurs en toutes saisons. Dans cette région préalpine de montagnes, dominée par le point culminant d'Allemagne, le Zugspitzplatt (2 962 m), accessible en téléphérique, se trouvent la station de sports d'hiver de Garmisch-Partenkirchen et les petites villes pittoresques d'Oberammergau et de Murnau. Riche en sites naturels d'une grande beauté – comme l'Eibsee, la Partnachklamm et le Murnauer Moos –, la région ne manque pas non plus d'intérêt culturel. Louis II y fit aménager deux résidences royales, et le souvenir des peintres Wassily Kandinsky et Gabriele Münter reste vivant à Murnau. L'excursion en voiture est le moyen le plus confortable de découvrir ce territoire peu urbanisé. Il existe également des liaisons par les transports publics entre Munich et les principaux sites.

Au sommet du Zugspitze

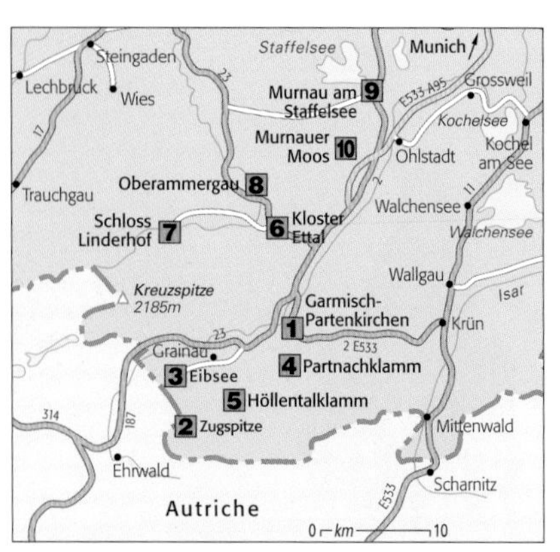

Les sites

1. Garmisch-Partenkirchen
2. Zugspitze
3. Eibsee
4. Partnachklamm
5. Höllentalklamm
6. Kloster Ettal
7. Schloss Linderhof
8. Oberammergau
9. Murnau am Staffelsee
10. Murnauer Moos

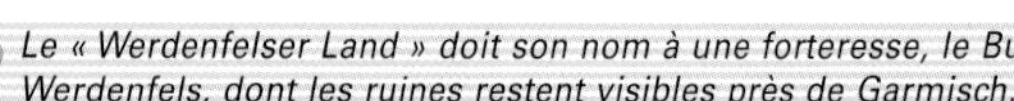

Le « Werdenfelser Land » doit son nom à une forteresse, le Burg Werdenfels, dont les ruines restent visibles près de Garmisch.

Garmisch, au pied du Zugspitze

1 Garmisch-Partenkirchen

Au pied du massif du Wetterstein et du Zugspitze, l'union de deux villages pour les Jeux olympiques de 1936 a donné au Werdenfelser Land sa capitale. Cette localité de 26 000 habitants, réputée pour ses cures thermales, est surtout connue comme station de sports d'hiver (elle a aussi accueilli les Championnats de ski alpin en 1978), mais elle est aussi fréquentée en été. Elle constitue un excellent point de départ pour explorer la région. *Plan R4.*

2 Zugspitze

Nul besoin de matériel d'alpinisme pour atteindre la cime du Zugspitze (2 962 m), le point culminant de l'Allemagne. Depuis Garmisch-Partenkirchen, un train à crémaillère monte jusqu'au Zugspitzplatt, à 2 600 m d'altitude. De là, les cabines du Gletscherbahn conduisent jusqu'au sommet, partagé avec l'Autriche. Depuis sa plate-forme panoramique, la vue porte, par temps dégagé, jusqu'aux Dolomites italiennes. Pour redescendre, il est possible de changer de téléphérique, en prenant l'Eibsee-Seilbahn. La glissade jusqu'au lac est splendide. Il suffit de reprendre le train pour retourner à Garmisch-Partenkirchen. *Plan R4.*

3 Eibsee

Le lac de l'Eibsee, cerné par la forêt et les montagnes, étend ses eaux d'un bleu profond à près de 1 000 m d'altitude. Il doit sa formation à un éboulement. Long d'environ 3 km et large de quelque 500 m, il possède un périmètre de 8 km et une profondeur maximale de 35 m. Il faut prévoir à peu près deux heures pour en faire le tour à pied. *Plan R4.*

4 Partnachklamm

À proximité du stade olympique de saut à ski de Garmisch s'ouvre l'un des défilés les plus impressionnants des Alpes bavaroises. Ses parois, longues de 700 m, atteignent jusqu'à 100 m de hauteur. Un sentier aménagé permet de suivre le cours du torrent où se jette une cascade.
Plan R4 • ouv. toute l'année.

5 Höllentalklamm

La gorge du « val d'Enfer », à Grainau, à 6 km de Garmisch, n'est pas aussi facile à explorer. Il faut de bonnes chaussures et le pied sûr pour suivre le sentier de 1 km jalonné d'échelles et de tunnels éclairés. Une tenue imperméable vous protégera des goutelettes projetées par l'Hammersbach.
Plan R4 • f. nov.-mai.

Partnachklamm, près de Garmisch

Le Zugspitzplatt est un plateau où s'étend le Schneeferner, un glacier menacé par le réchauffement climatique.

Königshaus am Schachen

La « maison royale » en bois construite en 1869 sur le Schachenalm, un alpage à 1 900 m d'altitude, servait de refuge à Louis II lors de ses excursions dans les montagnes. Des boiseries parent les cinq pièces du rez-de-chaussée. L'étage est dévolu à la salle des Maures, dont les tentures, les candélabres et les vitraux témoignent de la fascination, à l'époque romantique, pour une certaine vision de l'Orient.

6 Kloster Ettal

L'abbaye bénédictine fondée en 1330 par l'empereur Louis IV de Bavière abrite aujourd'hui un pensionnat. L'église reçut sa coupole rococo entre 1710 et 1752, dans le cadre d'un important remaniement imposé par un incendie. Le monastère d'Ettal est réputé pour ses liqueurs. *Plan R4.*

Kloster Ettal

7 Schloss Linderhof

Le domaine du Linderhof, dans le Graswangtal, borde un joli affluent de l'Ammer à 10 km d'Ettal *(p. 30)*. *Ettal, Linderhof 12 • plan R4 • (088 22) 9 20 30 • ouv. avr.-sept. : 9h-18h ; oct.-mars : 10h-16h • www.linderhof.de • EP.*

8 Oberammergau

Cette station thermale historique a acquis une renommée mondiale grâce à ses représentations du mystère de la Passion. Tous les dix ans, la population tout entière participe au spectacle. Oberammergau est aussi le lieu de naissance de Franz Seraph Zwinck (1748-1792), le plus célèbre peintre de façades d'Allemagne. *Plan R4 • prochain mystère de la Passion en 2020.*

9 Murnau am Staffelsee

Les peintres Wassily Kandinsky (1866-1944) et Gabriele Münter (1877-1962) passèrent ensemble plusieurs étés dans la Münter-Haus de ce village au cachet Art nouveau. L'écrivain Ödön von Horváth (1901-1938) vint aussi y travailler. L'exposition du Schlossmuseum évoque ce riche passé culturel. Elle propose aussi une présentation de la technique locale de peinture sous verre. Un sentier pédestre fait le tour du lac. *Münter-Haus : Kottmüller-allee 6 • plan R3 • (088 41) 62 88 80 • ouv. mar.-dim 14h-17h • EP • Schlossmuseum : Schlosshof 4-5 • (088 41) 47 62 01 • ouv. mar.-dim. 10h-17h (juil.-sept. : jusqu'à 18h sam. et dim.) • EP.*

Première édition du *Cavalier bleu*

10 Murnauer Moos

Protégé par une réserve naturelle depuis 1980, le plus vaste marécage d'un seul tenant de la bordure alpine offre, sur 32 km^2, un refuge à plusieurs milliers d'espèces animales et végétales, pour certaines menacées d'extinction.
Des sentiers aménagés et bien balisés permettent de découvrir le marécage sur 12 km à pied en toute saison. *Plan R3-R4.*

La Königshaus am Schachen n'est accessible qu'à pied (3-4 heures). Visites guidées : juin-sept. 11h, 13h, 14h et 15h.

Catégories de prix

Pour un repas avec entrée, plat, dessert et un verre de vin ou de bière (ou repas équivalent), taxes et service compris.

€	moins de 30 €
€€	30 €-40 €
€€€	40 €-50 €
€€€€	50 €-60 €
€€€€€	plus de 60 €.

Gauche **Griesbräu zu Murnau** Droite **Gasthof Zum Rassen**

TOP 10 Cafés et restaurants

1 Kreut-Alm

Le restaurant propose des spécialités bavaroises, et le *Biergarten* ménage une vue splendide du Kochelsee et des montagnes. *Kreut-Alm/Grossweil • plan S3 • (088 41) 58 22 • ouv. t.l.j. sf lun. • www.kreutalm.de • €.*

2 Griesbräu zu Murnau

De belles cuves de fermentation en cuivre trônent sous les voûtes de la salle rustique de cette brasserie traditionnelle. *Murnau, Obermarkt 37 • plan R3 • (088 41) 14 22 • www.griesbraeu.de • €.*

3 Seerestaurant Alpenblick

Ce restaurant offre une jolie vue sur le pittoresque Staffelsee depuis sa terrasse ou son jardin. Goûtez ses plats de saison. *Uffing am Staffelsee • plan R3 • (088 46) 93 00 • f. jeu. en hiver • www.seerestaurant-alpenblick.de • €-€€.*

4 Alpenhof Murnau

Ce chalet, en bordure du Murnauer Moos, sert des mets locaux et internationaux devant un large panorama des Alpes. *Murnau, Ramsachstr. 8 • plan R3 • (088 41) 49 10 • www.alpenhof-murnau.com • AH • €€€.*

5 Restaurant Sonn Alpin

Le plus haut restaurant d'Allemagne, situé à 2 600 m d'altitude, sur le Zugspitzplatt, peut accueillir 800 personnes sur sa vaste terrasse. *Plan R4 • www.zugspitze.de • €.*

6 Hotel « Ludwig der Bayer »

La bière brassée à l'abbaye accompagne des plats bavarois et internationaux. Une liqueur des moines conclura le repas. *Ettal, Kaiser-Ludwig-Platz 10-12 • plan R4 • (088 22) 91 50 • www.ludwig-der-bayer.de • €.*

7 Schlosshotel Linderhof

Cet hôtel proche du château de Louis II propose des spécialités bavaroises et internationales. *Ettal, Linderhof 14 • plan R4 • (088 22) 790 • www.schlosshotel-linderhof.com • €€.*

8 Gasthof zum Rassen

Cette auberge traditionnelle abrite le plus vieux théâtre populaire rural de Bavière. *Garmisch-Partenkirchen, Ludwigsstr. 45 • plan R4 • (088 21) 20 89 • www.gasthof-rassen.de • €.*

9 « Das Restaurant » im Eibsee-Hotel

Poissons et écrevisses de la région figurent sur la carte. De la salle, on a une vue sur le lac. *Grainau, Am Eibsee 1-3 • plan R4 • (088 21) 9 88 10 • www.eibsee-hotel.de • €€.*

10 Parkhotel Sonnenhof

Dans cet établissement situé au pied du Kofel, le chef concilie les cuisines régionale et internationale. Il répond aux demandes des clients végétariens. *Oberammergau, König-Ludwig-Str. 12 • plan R4 • (088 22) 91 30 • www.parkhotel-sonnenhof.de • €€.*

Sauf indication contraire, tous les restaurants acceptent les cartes bancaires et ne sont pas accessibles en fauteuil roulant.

Gauche **Herzogstand et Kochelsee** Centre **Kloster Benediktbeuern** Droite **Diessen, Ammersee**

Baroque et rococo au Pfaffenwinkel

Délimité par trois rivières – la Lech, l'Amer et la Loisach – et, au nord, par deux lacs – l'Ammersee et le Starnberger See –, le Pfaffenwinkel s'étend jusqu'aux montagnes de l'Ammergau et a l'allure classique d'une région préalpine vallonnée, où alternent forêts, prairies, marais et petits plans d'eau. En dialecte local, son nom signifie « coin des curés ». Il fait référence aux très nombreuses abbayes et églises baroques et rococos de la région. La décoration de la Benediktbeuern et de la Wieskirche permit à l'école de stucateurs de Wessobrunn de se développer. Le Pfaffenwinkel séduit aussi par sa beauté naturelle : des sites comme les gorges de l'Ammerschlucht ou les reliefs boisés entourant le Kochelsee et le Walchensee attirent de nombreux randonneurs. Par l'autoroute A95 et les routes B2 et B11, la majeure partie de la région est à environ une heure en voiture de Munich. En outre, le train et les compagnies d'autobus assurent de nombreuses dessertes.

Plafond revêtu de stuc, Kloster Wessobrunn

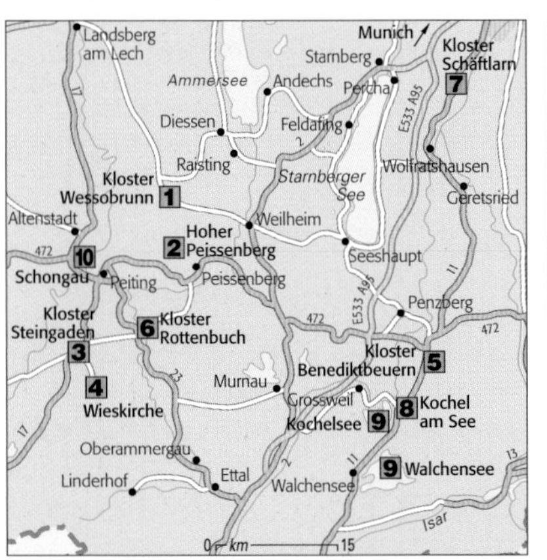

Les sites

1 Kloster Wessobrunn
2 Hoher Peissenberg
3 Kloster Steingaden
4 Wieskirche
5 Kloster Benediktbeuern
6 Kloster Rottenbuch
7 Kloster Schäftlarn
8 Kochel am See
9 Kochelsee et Walchensee
10 Schongau

Site Internet sur le Pfaffenwinkel : **www.pfaffenwinkel.de**

Chœur rococo, Kloster Wessobrunn

1 Kloster Wessobrunn

Vers 753, le duc Tassilo III (duc de Bavière de 748 à 788) fonda ce monastère bénédictin, sur un site où son compagnon de chasse, Wesso, avait découvert une source (*Brunnen*). Wessobrunn doit à Georg Uebelhor, abbé de 1598 à 1607, la création de sa célèbre école de stucateurs, réputée dans toute l'Europe. Elle forma, entre autres, Joseph Schmuzer (1683-1752) et Dominikus Zimmermann (1685-1766), qui dessinèrent de nombreuses églises dans le Sud de l'Allemagne et dont le renom a dépassé la Bavière. Il ne subsiste que le clocher de l'abbatiale, démolie au XIXe s. Une partie du reste des bâtiments seulement est ouverte au public. Elle renferme la splendide Fürstentrakt (galerie des Princes) et la salle Tassilo, au riche décor stuqué. L'abbaye resta longtemps dépositaire du manuscrit de la *Prière de Wessobrunn* (v. 800), aujourd'hui conservé à la Bayerische Staatsbibliothek de Munich *(p. 87)*. Cet écrit religieux est l'un des plus vieux textes connus en haut-allemand.

Plan R3 • (088 09) 9 21 10
• ouv. t.l.j. • EG.

2 Hoher Peissenberg

L'éminence du Hoher Peissenberg, au centre géographique du Pfaffenwinkel, atteint une altitude de 1 000 m et ménage un splendide panorama sur les prairies des Préalpes. Un observatoire y enregistre des données météorologiques, ce que faisaient déjà en 1781 des maîtres de chœur augustins du monastère de Rottenbuch voisin *(p. 122)*. Le café-restaurant Bayerischer Rigi est doté d'une vaste terrasse. *Plan R3*
• www.bayerischer-rigi.de

3 Kloster Steingaden

L'abbaye construite en 1147 par les prémontrés sous l'autorité du duc Welf VI était à l'époque le plus grand centre monastique de Bavière. Elle a conservé un cloître roman, aux voûtes destyle gothique tardif. De structure romane, la basilique possède une entrée gothique. Sa sobriété extérieure ne laisse pas deviner la richesse de son décor intérieur rococo.

Plan R3 • (088 62) 2 00
• ouv. été : t.l.j. 8h-19h, hiver : t.l.j. 8h-17h
• ww.steingaden.de • EG.

Cloître romano-gothique, Kloster Steingaden

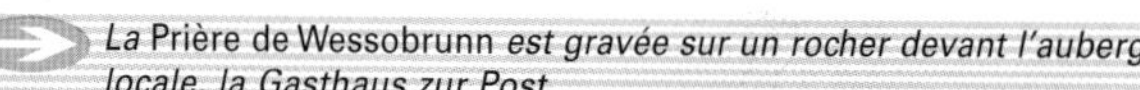

La Prière de Wessobrunn *est gravée sur un rocher devant l'auberge locale, la Gasthaus zur Post.*

Nef et chœur de la Wieskirche

4 Wieskirche

Dédiée au Sauveur flagellé, l'église de pèlerinage « dans la prairie » *(auf der Wiese)* est considérée comme la plus grande réussite du rococo bavarois, une déclinaison lumineuse et joyeuse du baroque. Construite entre 1746 et 1754, près de Steingadenelle, elle est l'œuvre de l'architecte et stucateur Dominikus Zimmermann, l'un des représentants les plus doués de l'école de Wessobrunn *(ci-dessous)*, et de son frère, le peintre Johann Baptist. En 1984, l'Unesco a inscrit l'édifice au patrimoine mondial. *Plan R3 • (088 62) 93 29 30 • ouv. été : t.l.j. 8h-20h, hiver : t.l.j. 8h-18h • www.wieskirche.de • EG.*

École de Wessobrunn

Aux XVIIe et XVIIIe s., l'abbaye de Wessobrunn forma certains des plus grands stucateurs du baroque. Des dynasties familiales comme les Schmuzer, les Zimmermann et les Feichtmayr établirent en Europe la renommée d'une école dont on considère Johann Schmuzer (1642-1701) comme le premier maître. Leurs œuvres parent les monastères d'Ettal, de Rottenbuch, Weingarten, Zwiefalten, d'Ottobeuren, de Bad Wörishofen et Steingaden.

5 Kloster Benediktbeuern

Selon la tradition, c'est saint Boniface qui créa, en 739, ce monastère, l'un des plus anciens des Préalpes bavaroises. Les bâtiments actuels ont été édifiés entre 1669 et 1679. L'église, inspirée du baroque tardif italien, est de Kaspar Feichmayr. Réputé pour son école d'écriture, le Benediktbeuern était au XIIIe s. un lieu de formation recherché ; sa bibliothèque couvrait tous les domaines du savoir de l'époque. On y trouva, en 1803, un recueil de chants médiévaux réalisé entre 1225 et 1250, les *Carmina Burana*. Le manuscrit est aujourd'hui conservé à la Bayerische Staatsbibliothek *(p. 87)*. Sécularisé en 1803, le corps de bâtiment accueillit un temps l'Institut d'optique où le physicien Joseph von Fraunhofer (1787-1826) découvrit les raies qui portent son nom et sur lesquelles est basée la spectroscopie. Racheté en 1930 par les salésiens de Don Bosco, le monastère abrite aujourd'hui leurs Instituts de pédagogie et de théologie. *Plan S3 • (088 57) 8 80 • Kloster : ouv. t.l.j. 9h-16h • www.kloster-benediktbeuern.de • Glashütte : ouv. t.l.j. 9h-16h • EG.*

6 Kloster Rottenbuch

Ce couvent de chanoines augustins fondé en 1073 par le duc Welf Ier présente un mélange rare d'éléments architecturaux romans, gothiques et rococos. Joseph Schmuzer et son fils Franz exécutèrent, au XVIIIe s., les stucs de l'église. Les fresques sont de Matthäus Günther. *Plan R3 • (088 67) 911 018 • ouv. t.l.j. 8h-18h (jusqu'à 19h en été) • EG.*

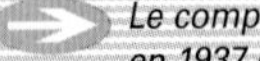
Le compositeur munichois Carl Orff (1895-1982) mit en musique en 1937 certains des chants des Carmina Burana.

7 Kloster Schäftlarn

Ces bâtiments conventuels, dessinés par Giovanni A. Viscardi, ont été édifiés entre 1702 et 1707. Ils sont situés sur le site d'un établissement bénédictin de 762. L'abbatiale, consacrée en 1760, est un chef-d'œuvre du rococo bavarois. La famille Zimmermann réalisa une grande partie de ses stucs. Vous pourrez prendre un repas dans l'agréable *Biergarten*. *Plan S2 • www.abtei-schaeftlarn.de • EG.*

Vue sur le Walchensee, près de Kochel am See

8 Kochel am See

Au centre de cette station de villégiature, au bord du Kochelsee, se dresse une statue du forgeron Balthes, héros légendaire de la révolte paysanne contre l'Autriche en 1705. La maison où vécut et travailla le peintre Franz Marc au début du XXe s. est devenue un musée, consacré à son œuvre et à celle de ses amis du mouvement du Cavalier bleu, dont Klee et Kandinsky. *Plan S3 • (088 51) 92 48 80 • musée ouv. avr.-oct. : mar.-dim. 10h-18h (nov.-mars 17h) • www.franz-marc-museum.de • EG.*

Fonts baptismaux, Michaelskirche

9 Kochelsee et Walchensee

Le lac de Kochel, au pied de collines pentues, a une superficie de 6 km2 et une profondeur maximale de 66 m. D'excellents sentiers de randonnée suivent sa rive. À quelques kilomètres au sud, et 200 m plus haut, s'étend le Walchensee, de 16 km2 et 190 m de profondeur. C'est le plus vaste et le plus profond lac de montagne d'Allemagne. En été, le plan d'eau est un véritable paradis pour les véliplanchistes. Un téléphérique permet de rejoindre le sommet du Herzogstand, haut de 1 731 m. Le trajet, d'un dénivelé de 800 m, ménage un splendide panorama des deux lacs. *Plan S4 • Herzogstandbahn (téléphérique) : Walchensee • (088 58) 2 36.*

Freilichtmuseum Glentleiten

Le plus grand musée en plein air de Haute-Bavière a ouvert en 1976 entre Murnau et Kochel. Quelque 40 bâtiments reconstruits, des fermes, des moulins, une poterie et des ateliers, donnent une idée de la vie jadis menée dans les villages de la région. Les visiteurs disposent d'un restaurant et d'un *Biergarten*. *Ouv. juin-sept.: t.l.j. 9h-18h ; mars-nov. : mar.-dim. 9h-18h. www.glentleiten.de, EG.*

10 Schongau

La ville, située sur une colline au bord de la rivière Lech, a conservé un aspect médiéval, avec ses remparts, ses chemins de guet, ses tours et ses portes fortifiées. À 3 km au nord, la vieille ville, Altenstadt, abrite la Michaelskirche, une église romane bâtie en 1200 qui possède des fonts baptismaux datant de sa fondation. *Plan R3 • www.schongau.de*

Les amateurs de rafting apprécient la gorge de l'Ammerschlucht, entre Saulgrub et Peissenberg, et sa superbe cascade Schleier.

Gauche **La Frauenchiemseeinsel et son monastère** Droite **Établissement thermal, Bad Tölz**

Lacs et villes de Haute-Bavière

Collines morainiques aux souples ondulations et montagnes déchiquetées à l'ère glaciaire, lacs paisibles et torrents impétueux... En Haute-Bavière, les régions subalpines du Tölzer Land et du Chiemgau possèdent des paysages d'une grande beauté naturelle. Leurs plans d'eau se prêtent à la pratique de la voile et de la planche à voile. De petites routes et sentiers invitent aux promenades à pied ou à vélo, tandis que les remonte-pentes de Reit im Winkl et du Spitzingsee desservent de vastes domaines skiables. Les îles du Chiemsee, l'« océan de Bavière », exercèrent jadis leur attrait sur d'ascétiques bénédictines ainsi que sur le romantique Louis II. D'agréables stations de villégiature, comme Bad Tölz, servent de points de départ à des randonnées ou permettent de profiter de traitements thermaux. Depuis Munich, on rejoint le Tölzer Land et le Chiemgau en voiture par l'autoroute A8 et les routes régionales B318 et B472. On peut également circuler en train et en autobus.

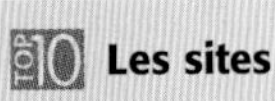

Les sites

1. Bad Tölz
2. Kloster Reutberg
3. Tegernsee
4. Schliersee
5. Spitzingsee
6. Lenggries
7. Wendelstein, Bayrischzell
8. Chiemsee
9. Reit im Winkl
10. Schloss Hohenaschau

Garde-robe traditionnelle, Heimatmuseum, Bad Tölz

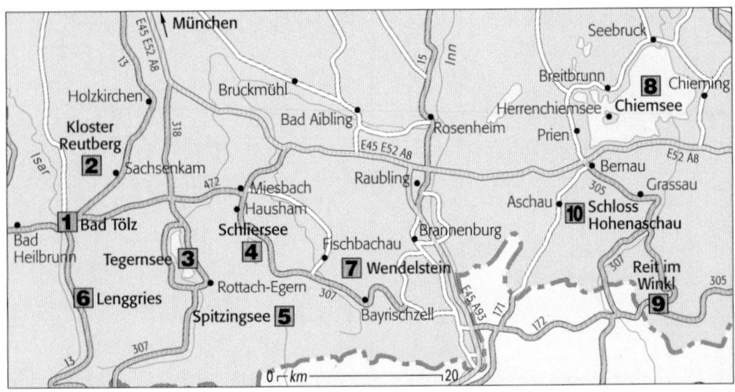

La Deutsche Alpenstrasse, une route panoramique, traverse une partie de la région.

1 Bad Tölz

La station thermale de Bad Tölz, au débouché de la vallée creusée par l'Isar dans les Alpes, est un lieu de villégiature en été et en hiver. Dans la vieille ville, sur la rive droite de la rivière, des maisons aux façades ornées de stucs et de fresques bordent la Marktstrasse. Alpamare, l'un des plus grands parcs aquatiques d'Allemagne, attirera les amateurs de balnéothérapie. Le 6 novembre, la Leonhardifahrt, un défilé de chars attelés en l'honneur de saint Léonard, protecteur des chevaux, est l'une des fêtes folkloriques les plus populaires de Haute-Bavière. *Plan S3*

- *Alpamare, Ludwigstr. 14*
- *(080 41) 50 99 99*
- *www.alpamare.de*

Leonhardifahrt, Bad Tölz

2 Kloster Reutberg

Ce monastère de sœurs franciscaines installé au sommet d'une petite colline proche de Bad Tölz date du XVIIe s. Son abbatiale baroque est ouverte au public, et son jardin à bière ménage une vue spectaculaire sur les Alpes. Si vous souhaitez faire une balade à pied, allez au Kirchsee, un endroit romantique où l'on peut se baigner en été. *Sachsenkam • plan S3 • EG.*

La ville de Schliersee vue du lac

3 Tegernsee

Le Tegernsee, situé dans un écrin de reliefs boisés, mesure 6 km de long pour une superficie de 9 km². La beauté du lieu et son accès facile (à 50 km de Munich) en font une destination d'excursion et de vacances très appréciée depuis le XIXe s. Sur sa rive, Bad Wiessee, Gmund, Kreuth, Tegernsee et Rottach-Egern forment un collier de stations de villégiature pittoresques et variées, fréquentées toute l'année. Bad Wiessee abrite l'un des rares casinos de Bavière. *Plan T3 • Bayerische Spielbank Bad Wiessee Winner 1 • (080 42) 9 83 50.*

Vierge, Bad Tölz

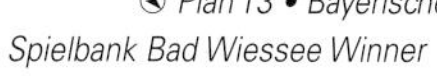

4 Schliersee

Moins connu que le Tegernsee, le Schliersee bénéficie pourtant, au pied des Alpes, d'un environnement aussi beau et mieux préservé. Un sentier pédestre de 7 km en fait le tour. En altitude, la station de Spitzingsee dispose de 30 km de pistes *(p. 126)*. La St. Sixtus Kirche, édifiée au début du XVIIIe s., est la principale curiosité de la ville de Schliersee. Elle est ornée des fresques de Johann Baptist Zimmermann, peintre qui travailla également à la Wieskirche *(p. 122)*. *Plan T3.*

Les sources naturellement riches en iode de Bad Tölz ne furent découvertes qu'en 1946.

Sur la crête du Brauneck, près de Lenggries

5 Spitzingsee

Les randonneurs séduits par les alentours du Spitzingsee, un lac de 28 ha, situé à 1 100 m d'altitude, cèdent la place en hiver aux skieurs qui profitent du plus grand domaine skiable d'Allemagne (16 téléphériques et 75 téléskis). *Plan T4.*

6 Lenggries

Cette station de cure au bord de l'Isar est un bon point de départ pour des randonnées en montagne. Un téléphérique grimpe au sommet du Brauneck, également accessible à pied.

Bergbahn • plan S3 • (080 42) 50 39 40
• www.brauneck-bergbahn.de

7 Wendelstein, près de Bayrischzell

Du sommet du Wendelstein, desservi par le plus vieux train à crémaillère des Alpes (1912), et par un téléphérique depuis 1970, s'ouvre l'un des plus beaux panoramas de la région. On peut aussi le contempler depuis le restaurant de la Wedelsteinhaus, ouvert en 1887. *Plan T3*

• Wendelstein Bergbahnen
• www.wendelsteinbahn.de

La Herrenchiemseeinsel

Vers 1130, sur la plus grande île du Chiemsee, des chanoines bénédictins bâtissent un séminaire. Remanié dans le style baroque, il ferme en 1803. Louis II achète le site en 1873, fait construire le Neues Schloss et convertit le séminaire en appartements, qu'il baptise l'Altes Schloss. On y découvre une exposition sur le travail de la Convention qui rédigea ici le brouillon de la Constitution de la RFA, en 1948.

8 Chiemsee

Chiemsee est le plus grand lac d'Allemagne (80 km^2), surnommé l'« océan de Bavière ». L'« île des Messieurs » – Herrenchiemsee – abrite l'Altes Schloss et le Neues Schloss de Louis II *(p. 30-31)* tandis que l'« île des Dames » – Frauenchiemsee – compte un monastère fondé au VIIIe s.

Plan U3.

Le Chiemsee, l'« océan de Bavière »

9 Reit im Winkl

Près de la frontière autrichienne, cette station de ski, l'une des meilleures des Alpes bavaroises, a su conserver son caractère de village.

Plan U3.

10 Schloss Hohenaschau

Les origines du château remontent au XIIe s. Les ajouts comprennent la chapelle Renaissance (XVIe s.) et la « maison de Charité » (baroque) qui abrite le Prientalmuseum. Le château abrite également un centre de fauconnerie.

Aschau • plan U3 • ouv. mai-oct. : mar. et jeu. 11h30 et 15h, mer. et ven. 10h et 11h30, dim. 13h30 et 15h • vis. guid. seul. • EP.

Site Internet de Reit im Winkl : **www.reitimwinkl.de**

Catégories de prix

Pour un repas avec entrée, plat, dessert et un verre de vin ou de bière (ou repas équivalent), taxes et service compris.

€	moins de 30 €
€€	30 €-40 €
€€€	40 €-50 €
€€€€	50 €-60 €
€€€€€	plus de 60 €.

Gasthof Terofal, Schliersee

TOP 10 Cafés et restaurants

1 Auberge Moar Alm

Cette ravissante ferme, à 11 km de Bad Tölz, propose une cuisine aux influences françaises. *Sachsenkam, Holzkirchner Str. 14 • plan R3 • (080 21) 55 20 • f. lun. et mar. • www.moar.de • €€€-€€€€.*

2 Kloster-Bräustüberl Reutberg

Les spécialités locales se savourent avec une bière de monastère, devant une vue des Alpes. *Sachsenkam, Am Reutberg 2 • plan S3 • (080 21) 86 86 • www.klosterbraeustueberl-reutberg.de • €.*

3 Schlossrestaurant Tegernsee

La cuisine bavaroise est de grande qualité et le restaurant a une vaste terrasse donnant sur le lac. *Tegernsee • plan T3 • (080 42) 45 60 • www.tegernsee-schlossrestaurant.de • €-€€.*

4 Panoramarestaurant Wallberg

Situé à 100 m en dessous du sommet du Wallberg, cet établissement, ouvert en 1998, mérite amplement son nom. *Rottach-Egern, Am Wallberg 1 • plan T3 • (080 42) 68 00 • www.wallberg-restaurant.de • €.*

5 Landgasthof Reindlschmiede

Cette hôtellerie jouit d'un cadre champêtre, près de Bad Tölz. *Bad Heilbrunn, Reindlschmiede 8 • plan S3 • (080 46) 2 85 • www.reindlschmiede.de • €.*

6 Berggasthof Obere Firstalm

Ce chalet de montagne sert de solides spécialités régionales, à prix raisonnables. *Spitzingsee • plan T4 • (080 26) 97 73 02 • www.hotel-firstalm.de • €.*

7 Winklmoosalm

Selon la saison, skieurs ou randonneurs peuvent déguster ici des pâtisseries maison en sirotant un café sur une grande terasse ensoleillée. Le restaurant propose des plats plus consistants. *Reit im Winkl, Winklmoosalm • plan U3 • (086 40) 9 74 40 • www.winklmoosalm.com • €.*

8 Inselhotel Zur Linde

Cet hôtel réputé pour ses gâteaux et ses recettes bavaroises a six siècles d'histoire. *Fraueninsel im Chiemsee • plan U3 • (080 54) 90 366 • www.linde-frauenchiemsee.de • €.*

9 Alter Wirt Herrenchiemsee

On y mange des plats locaux dans un décor chaleureux. *Bernau am Chiemsee, Kirchplatz 9 • plan U3 • (080 51) 96 56 990 • www.alter-wirt-bernau.de • €-€€.*

10 Gasthof Terofal

Dans le centre de Schliersee, cette taverne du XVIe s. reste fidèle aux recettes régionales. Elle abrite, par ailleurs, un théâtre rural populaire. *Schliersee, Xaver-Terofal-Platz 2 • plan T3 • (080 26) 92 92 10 • www.hotelterofal.de • €.*

Sauf indication contraire, tous les restaurants acceptent les principales cartes bancaires et ne sont pas accessibles en fauteuil roulant.

Gauche **Château de Burghausen** Centre **Kapellplatz, Altötting** Droite **Schloss Amerang**

TOP 10 Au fil de l'Inn

1 Rott am Inn

Entre 1758 et 1763, Johann Michael Fischer reconstruisit la Klosterkirche St. Marinus und Anianus du monastère bénédictin de Rott am Inn fondé en 1081. L'architecte incorpora à l'édifice les tours romanes de l'église d'origine. Ornée de sculptures d'Ignaz Günther (autel), l'abbatiale compte parmi les grandes réussites du rococo bavarois. *Plan T2.*

2 Schloss Amerang

Entouré de profonds fossés et perché sur une éminence au sud d'Amerang, ce château ressemble à une forteresse médiévale, mais sa cour, entourée de galeries d'arcades, date de la fin du XVIe s. Elle possède une excellente acoustique et offre un cadre spectaculaire à des concerts en plein air. *Plan U2 • ouv. Pâques-mi-oct. : ven.-dim. (vis. guid. à 11h, 12h, 14h, 15h, 16h) • www.schlossamerang.de • EP.*

Hôtel de ville gothique, Wasserburg

3 Kloster Attel

Près de Wasserburg, où la dynastie des Hallgrafen établit sa capitale en 1137, l'ancien monastère bénédictin d'Attel domine l'Inn depuis une butte aux pentes boisées. L'entrée de l'abbatiale baroque, édifiée en 1715, incorpore une stèle romaine sculptée en 204 apr. J.-C. *Plan T2.*

4 Wasserburg am Inn

Wasserburg jouit d'une situation exceptionnelle, sur un promontoire s'enfonçant dans un méandre de la rivière. Typique de la région, la vieille ville est aérée par de grandes places bordées de galeries d'arcades évoquant l'Italie. Des maisons anciennes à pignons à redents, dotées de façades aux couleurs vives, bordent ses rues. Wasserburg se distingue par sa richesse en édifices gothiques, comme l'hôtel de ville ou la Pfarrkirche St. Jakob. Depuis l'Innbrücke, 15 min de marche le long d'un sentier agrémenté d'œuvres d'art mènent à la *Schöne Aussicht*, un superbe point de vue sur l'ancien quartier. *Plan U2.*

5 Gars

Construite par Gaspare et Domenico Zucalli entre 1661 et 1690, l'église de cet ancien séminaire de chanoines bénédictins date du début du baroque. L'intérieur est somptueusement décoré de stucs. *Plan U2.*

Les articles de ces deux pages suivent une disposition géographique constituant un itinéraire de visite de la région.

6 Au am Inn

Fondé au XIIe siècle par des chanoines augustins dans une courbe de la rivière, le monastère d'Au fut reconstruit au XVIIIe s. après un incendie. L'ancienne bibliothèque ornée de fresques est splendide. Un restaurant doté d'un joli jardin à bière est installé dans le corps de bâtiment. *Plan U2.*

7 Mühldorf

Ce bourg pittoresque, qui s'étend sur une péninsule de l'Inn, était un important centre d'échange au Moyen Âge. Le quartier ancien s'organise autour d'une place de marché longue de 500 m et bordée de maisons typiques, avec leurs pignons à redents et leurs façades peintes. À l'une de ses extrémités, la Nagelschmiedturm, ou Münchner Tor, d'origine romane, est le plus vieil édifice de la ville. *Plan U2.*

8 Altötting

Le lieu de pèlerinage le plus ancien de Bavière a pour cœur un ancien baptistère octogonal bâti au VIIIe s. Il abrite une Vierge noire sculptée vers 1300 ; cette petite statue en bois de tilleul est supposée avoir des vertus miraculeuses. La chapelle et le déambulatoire datent respectivement de 1494 et 1517. À l'est du centre-ville, un bâtiment à coupole renferme un panorama représentant le mont Golgotha au moment de la crucifixion. Des effigies grandeur nature illustrent, à l'avant-plan, les stations de la croix. *Plan V2.*

9 Burghausen

Ce bourg, niché dans une boucle de la Salzach, connut son apogée au Moyen Âge grâce au commerce du sel et parce que les ducs de Basse-Bavière y avaient établi leur deuxième résidence. Sa forteresse, la plus longue d'Europe, s'étire sur plus de 1 km le long d'un étroit promontoire rocheux. Elle a pour origine un château construit en 1255. Les bâtiments entourant ses six cours, pour la plupart de style gothique tardif, forment un ensemble très bien préservé. Autour de la place du marché, dans la vieille ville, se dressent la belle Jakobskirche (1353-1513), l'hôtel de ville (XVIe s.) et la Schutzengelskirche (XVIIIe s.). *Plan V2*

Ange gardien, Burghausen

• Burg : ouv. avr.-sept. : t.l.j. 9h-18h ; oct.-mars : t.l.j. 10h-16h • EP.

10 Tittmoning

C'est l'un des plus jolis villages de Bavière orientale. Deux portes fortifiées mènent à une place trapézoïdale bordée de maisons stuquées. Depuis le sommet d'une colline, un château du XIIIe s. ménage un beau panorama. *Plan V2*

• château : ouv. mai-sept. : mer.-ven. à partir de 14h • www.tittmoning.de • EG.

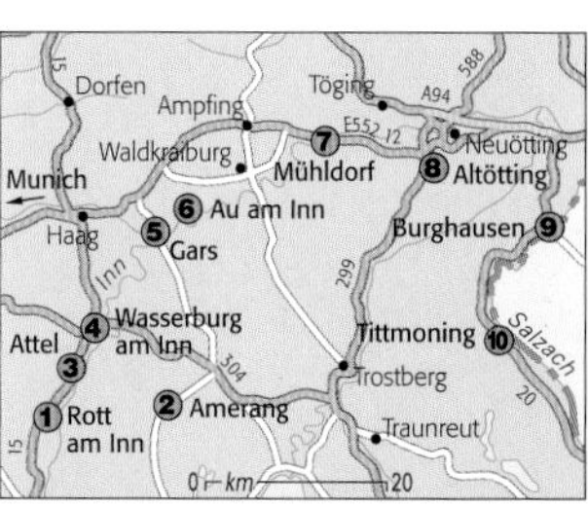

Depuis 1970, Burghausen accueille en mars « Jazzwoche » un Festival international de jazz renommé : **www.b-jazz.com**

HACKER-PSCHORR
Weinstraße
iswerter Donisl
schfilet gebacken
ägerbraten
Kein Gericht über DM 11.-
München muß nicht teu
¼ Mastente
Ochsenbraten
Kein Gericht über DM 11.-
Donisl

MODE D'EMPLOI

Gauche **Sur la route en Bavière** Droite **Appareil de la Lufthansa**

Top 10 Préparer le voyage

1 Renseignements

En France, renseignements sur Internet seulement sur le site de l'office de tourisme d'Allemagne (ONAT). On parle français à l'office de tourisme à Munich.
www.germany.travel/fr (en français)
• www.muenchen.de (avec une version française).

2 Quand partir

Toutes les saisons se prêtent à une visite de Munich, y compris l'hiver. La neige couvre alors les pistes des stations de ski, et les manifestations culturelles sont aussi nombreuses qu'en été.

3 Climat

Les journées sans nuages sont fréquentes en janvier. Le temps se montre plus inconstant en avril, et il arrive qu'il fasse encore froid en mai, au moment où démarre officiellement la saison des *Biergarten*. C'est en août que l'eau des nombreux lacs entourant Munich atteint sa température la plus chaude. Les journées d'automne sont douces.

4 Formalités

Pour entrer en Allemagne, les citoyens de l'Union européenne ont seulement besoin d'une carte d'identité en cours de validité ou d'un passeport établi depuis moins de dix ans. Aucun visa n'est requis pour les Suisses et les Canadiens pour un séjour de moins de trois mois.

5 Internet

La plupart des établissements publics et privés possèdent des sites Internet. Cependant, les sites ne comportent pas toujours une version française.

6 Durée du séjour

La découverte des principaux sites de visite de Munich prend à peu près une semaine. Vous avez donc intérêt à prévoir plus de temps si vous envisagez de continuer votre séjour par la visite de Neuschwanstein ou des stations de villégiature des Alpes et des lacs de Haute-Bavière.

7 Carte de santé européenne

La carte européenne d'assurance maladie doit être retirée, avant le départ, auprès de votre caisse d'assurance maladie (ou sur son site Internet). Elle vous permet de bénéficier de la sécurité sociale allemande. Il est aussi recommandé d'avoir une assurance couvrant les frais de rapatriement en cas de grave problème de santé. Cette protection est souvent prévue par les assurances de responsabilité civile ou par les contrats de cartes de paiement internationales.

8 Permis de conduire

Les permis français, belge, canadien et luxembourgeois sont valables en Allemagne.

9 Routes et autoroutes

Distinguées par un A, les autoroutes (*Autobahnen*) sont gratuites, sauf circonstances particulières. Les routes nationales sont signalées par un « B » suivi d'un numéro (*Bundesstrasse*). La vitesse n'est souvent pas limitée sur les autoroutes.

10 Cartes et plans

Les offices de tourisme de Munich fournissent gratuitement des plans détaillés de la ville. Librairies, grands magasins et stations-service vendent des cartes de la région.

Consulats

France
Heimeranstr. 31
80339 Munich
• (089) 41 94 11 0.

Belgique
Kaiserplatz 8
80803 Munich
• (089) 38 98 92 0.

Canada
Im Tal 29
80331 Munich
• (089) 21 99 57 0.

Suisse
Brienner Strasse 14/III
80333 Munich
• (089) 28 66 20 0.

Pages précédentes **Bayericher Donisl, Marienplatz**

Gauche **Hauptbahnhof (gare centrale) de Munich** Droite **Autobus de l'aéroport**

TOP 10 Aller à Munich

1 Aéroport de Munich

L'aéroport Franz-Joseph-Strauss est situé à 30 km du centre-ville. Il est équipé de deux terminaux séparés par une zone centrale appelée München Airport Center (MAC), qui regroupe tous les services aux passagers. *Rens. sur les vols : (089) 975 00 • www.munich-airport.de (en allemand et en anglais).*

2 Compagnies aériennes

Les terminaux 1 et 2 abritent les comptoirs de plus de 100 compagnies de tous horizons. Air France, Air Berlin et Lufthansa proposent des vols quotidiens directs entre Paris et Munich. *Air France : 36 54 ; www.airfrance.fr • Lufthansa : 0892 23 16 90 ; www.lufthansa.com • Air Berlin : 0826 96 73 78 ; www.airberlin.com*

3 Rejoindre le centre

En train, empruntez les lignes S1 et S8 du S-Bahn qui partent toutes les 20 min de la zone centrale. Le trajet pour la gare principale dure environ 45 min et coûte 15 €. Des bus partent toutes les 20 min à destination de la gare centrale. Il y a des arrêts aux deux terminaux et devant la zone centrale. Sauf problème de circulation, le trajet dure 45 min. Prendre un taxi ne fait donc pas vraiment gagner de temps.

4 Arriver en train

La plupart des trains partant des grandes villes françaises s'arrêtent à la Hauptbahnhof, la gare principale, mais desservent aussi la Bahnhof München-Pasing proche de Nymphenburg. *Deutsche Bahn : 01 44 58 95 40, (018 05) 99 66 33 • www.bahn.com*

5 Trains allemands

Comparable au TGV français, l'InterCity Express (ICE) n'assure que des liaisons entre les grandes villes. Il faut 6 h pour rejoindre Munich depuis Paris. Un peu plus lents et moins chers, les trains InterCity (IC) ne desservent pas certaines gares. Sur de courtes distances, il est souvent plus pratique de se tourner vers l'Interregio (IR) et le Regional Express (RE). Le S-Bahn (RER) rayonne dans la banlieue jusqu'à une distance de 30 km du centre. La Deutsche Bahn propose des *länder-tickets* qui permettent de voyager dans un Land pendant une journée à des tarifs préférentiels. *www.reiseauskunft.bahn.de*

6 Voyage de nuit

De Paris, un train de nuit (CNL) relie Munich quotidiennement en 15h. *www.citynightline.fr*

7 Arriver en autocar

Les autocars qui assurent des liaisons longue distance arrivent à la Zentraler Omnibus-bahnhof (ZOB), la gare routière voisine de la Hauptbahnhof. Les deux principales compagnies sont Eurolines et Deutsche Touring. Des lignes d'autobus desservent les destinations touristiques de Haute-Bavière. *www.eurolines.com • www.touring.de • www.rvo-bus.de*

8 Arriver en voiture

L'autoroute (A8) via Strasbourg, Stuttgart, Ulm et Ausbourg relie Paris à Munich en 843 km. Une autre possiblité est de traverser la Suisse en prenant l'autoroute Lindau-Munich (A96). Une ceinture autoroutière (A99) permet de contourner la ville. Deux périphériques, le Mittlerer Ring et l'Altstadtring permettent d'entrer dans Munich.

9 Location de voitures

Les grandes sociétés ont des comptoirs à l'aéroport et à la gare centrale. *www.avis.fr • www.europcar.fr • www.hertz.fr • www.sixt.fr*

10 Limite de vitesse

La vitesse est limitée à 50 km/h à l'intérieur de Munich.

Renseignements sur Munich et l'Allemagne : **www.muenchen.de** *et* **www.allemagne-tourisme.com**

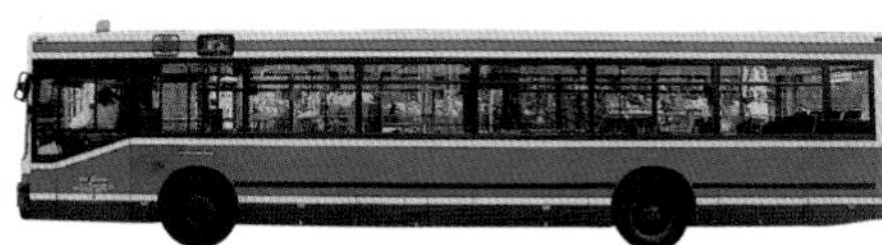

Gauche **Logo du réseau de trains de banlieue** Droite **Bus MVV**

TOP 10 Se déplacer à Munich

1 U-Bahn

Des rames modernes et confortables circulent sur les sept lignes de métro actuellement en service, et presque toutes les stations sont accessibles en fauteuil roulant. Le réseau couvre 100 km et compte 100 stations.

2 S-Bahn

Rayonnant dans toutes les directions depuis le centre, le réseau de trains de banlieue est le moyen le plus pratique pour partir à la découverte des villes et lacs de la périphérie. Comme le RER parisien, il traverse aussi le centre-ville, de Donnersbergerbrücke à l'Ostbahnhof en passant par la Hauptbahnhof, Stachus et Marienplatz. Ces stations permettent des correspondances avec le U-Bahn, les bus et les tramways. Les lignes S1 et S8 assurent la liaison avec l'aéroport.

3 Tramways

Généralement moins bondés que les rames du métro ou les trains du S-Bahn, les tramways disposent presque tous de rampes pour fauteuils roulants. Par ailleurs, le tramway offre la possibilité de contempler le paysage. Difficile de trouver circuit touristique plus économique que celui qui parcourt la vieille ville avec les lignes nos 18 et 19. Le trajet jusqu'à Grünwald par la ligne no 25 est aussi très pittoresque.

4 En autobus

Les bus urbains sont surtout pratiques sur de courtes distances en correspondance avec le S-Bahn ou le U-Bahn. Le bus no 100 dessert plusieurs musées *(p. 36)*. Un panneau signale les bus dotés de rampes pour fauteuils roulants.

5 Titres de transport

Les mêmes billets donnent accès à tous les transports publics gérés par la MVV. Ils peuvent être achetés aux distributeurs automatiques des stations de U-Bahn et de S-Bahn, auprès des marchands de journaux, à bord des trams et des bus. L'agglomération est divisée en quatre zones tarifaires. Il existe des billets pour un seul trajet *(Einzelkarte)* ou plusieurs *(Streifenkarte)*, ainsi que des cartes pour une journée *(Tageskarte)*, trois jours, une semaine ou un mois.
La CityTour-Card, valable un ou trois jours, permet d'utiliser tous les transports publics – au choix : dans la zone 1 ou sur l'ensemble du réseau – et de bénéficier de réductions (jusqu'à 50%) sur les entrées de 30 musées et sites.
La plupart des forfaits peuvent être achetés pour une seule ou plusieurs personnes.
www.citytourcard.com

6 En voiture

Le centre est à éviter – parkings coûteux et places de stationnement rares. Seules les voitures portant une vignette verte anti-pollution (la plupart des locations) sont autorisées à l'intérieur du Mittlerer Ring. La vignette s'obtient dans les 300 centres du TÜV ou sur Internet.
www.tuev-sued.de

7 À bicyclette

Munich possède de nombreuses pistes cyclables. Louer un vélo est bon marché. *Munich Walk Tours : 0049 (0) 176 2813 9213 • Mike's Bike Tours : (089) 25 54 39 87.*

8 À pied

La vieille ville, Schwabing, Haidhausen, les rives de l'Isar, Westend et Neuhausen sont propices aux balades.

9 En taxi

Téléphoner constitue le meilleur moyen de réserver un taxi. Vous pouvez aussi en arrêter un dans la rue. *Taxi-Ruf : (089) 1 94 10 et 2 16 10 • IsarFunk : (089) 45 05 40.*

10 Croisière

La Bayerische Seenschifffahrt propose des croisières sur le lac Starnberg et l'Ammersee.
(086 52) 96 360 • www.seenschiffahrt.de

***Renseignements, notamment en français, sur les transports publics à Munich :* www.mvv-muenchen.de**

Gauche **Bus touristique** Centre **Bateaux de la Weißblaue Flotte** Droite **Kiosque à journaux**

TOP 10 Où se renseigner

1 L'office de tourisme en France

Avant de partir, vous pouvez vous renseignez sur Internet seulement sur le site de l'ONAT qui propose des informations très intéressantes sur les activités à Munich.
www.allemagne-tourisme.com

2 Office de tourisme sur place

L'office de tourisme municipal, le Tourismusamt München, possède deux bureaux, à la gare centrale et dans l'hôtel de ville de Marienplatz. Ces bureaux fournissent des brochures et des cartes, et assurent de nombreux services, comme la réservation de chambres d'hôtel.
(089) 23 39 65 00 • www.muenchen.de

3 Bureau d'administration des châteaux

Le Bayerische Schlösserverwaltung est responsable de pas moins de 45 résidences historiques appartenant au Land de Bavière, ainsi que de nombreux jardins princiers, souvent agrémentés de lacs.
Bayerische Verwaltung der staatlichen Schlösser, Gärten und Seen • (089) 179 08 444 • www.schloesser.bayern.de

4 Plans des transports publics

Les comptoirs de la gare centrale et de la Marienplatz fournissent gratuitement des plans des réseaux du MVV. Les plans peuvent aussi être téléchargés depuis le site Internet. Un code couleur distingue les zones tarifaires. Les sites Park+Ride permettent de laisser sa voiture garée en périphérie.
www.mvv-muenchen.de

5 Magazines gratuits de la ville

Plusieurs magazines gratuits annoncent les films, les spectacles et les expositions, dont *Prinz* (avec les adresses branchées du moment) et *In München*, qui est plus ancien et plus complet.

6 Visites spécialisées

Il existe des visites à pied à thème (l'Art nouveau, l'histoire juive, la bière) ainsi que des circuits en tramway, à vélo et adaptés aux personnes handicapées.
Stattreisen München, (089) 54 40 42 30 ; www.stattreisen-muenchen.de • Weis(s)er Stadtvogel München : (089) 203 24 53 60 ; www.weisser-stadt-vogel.de • Spurwechsel : (089) 6 92 46 99 ; www.spurwechsel-muenchen.de

7 Visites guidées

Plusieurs opérateurs proposent des visites de la ville en autocar, ainsi que des excursions d'une journée, au départ de la Hauptbahnhof. Le commentaire est en plusieurs langues.
Sightseeing, Gray Line : (089) 55 02 89 95 ; www.msr.muc.de • City Sightseeing : www.city-sightseeing.com

8 Médias

Plus de 300 maisons d'édition et plusieurs radios et télévisions ont leur siège à Munich. Les informations locales sont traitées dans deux grands quotidiens, le *Süddeutsche Zeitung (SZ)* et le *Münchner Merkur*, ainsi que dans la presse populaire, l'*Abendzeitung (AZ)* et le *Tageszeitung (TZ)*. Der Bayerische Rundfunk, la chaîne publique de télévision, émet sur cinq canaux.

9 Informations sur Internet

- *www.muenchen.de*
- *www.munichtoday.de*
- *www. connexion-française.com*
- *www.muenchentours.de*
- *www.subonline.org*

10 München Ticket

Cette agence de location permet d'acheter des places pour les grands spectacles, notamment les événements culturels et sportifs. Facilement accessible, elle dispose d'antennes à l'hôtel de ville, au Gasteig, à l'office de tourisme de la gare centrale ainsi qu'à l'Info-Pavillon de l'Olympiapark.
(089) 54 81 81 81 • www.muenchenticket.de

Gauche **Bayerische Landesbank** Centre **Boîte aux lettres** Droite **Distributeur de billets**

TOP 10 Banques et communications

1 Banques

Les grandes banques allemandes ont toutes des agences dans le centre, ouvertes, pour la plupart, de 8 h 30 à 16 h du lundi au vendredi. Leurs adresses : Bayerische Landesbank, Brienner Strasse 18 ; Commerzbank, Maximiliansplatz 19 ; Deutsche Bank, Promenadeplatz 15. Les bureaux de la ReiseBank à la Hauptbahnhof (gare centrale) et à l'aéroport sont ouverts, respectivement, de 6 h à 23 h et de 6 h 30 à 22 h.

2 Cartes bancaires

Tous les hôtels, en dehors des pensions les plus modestes, tous les grands magasins et la quasi-totalité des commerces et des restaurants acceptent les paiements par carte Visa, Euro/MasterCard, American Express. Des pannonceaux signalent, en devanture, les cartes acceptées. Les *Biergarten* ne prennent que les espèces.

3 Distributeurs automatiques de billets

Ils sont nombreux partout en ville et sont accessibles 24 h/24. Les petites localités en possèdent également. Les ressortissants de l'Union européenne ne paient pas de commission sur leurs retraits.

4 Change

Pour les visiteurs canadiens et suisses, l'aéroport et la gare principale abritent des bureaux de change. Il existe des changeurs automatiques de devises en centre-ville.

5 Chèques de voyage

Ils offrent le moyen le plus sûr de transporter de l'argent car ils peuvent être récupérés sur place en cas de perte ou de vol. Ils sont échangeables contre des espèces dans les succursales de l'organisme émetteur et les principales banques. Les grands hôtels les acceptent la plupart du temps comme mode de paiement.

6 Cabines téléphoniques

Deutsche Telekom gère tous les téléphones publics. La plupart fonctionnent avec des cartes, en vente dans les bureaux de poste, les bureaux de tabac, certains supermarchés et les kiosques à journaux. Certains publiphones acceptent aussi les cartes bancaires. Quelques cabines high-tech permettent de faire des recherches sur Internet et de recevoir ou d'envoyer des emails.

Renseignements : Allemagne, 11 833 ; étranger, 11 834 • Indicatifs : Allemagne 0049, Belgique 0032, Canada 01, France 0033, Suisse 0041; à l'intérieur de Munich : 089 ou 89.

7 Téléphone portable

Les réseaux de T-Mobile, Vodafone et O2 couvrent la majeure partie de la Bavière. Les appels de votre portable donnent lieu à un surcoût. Il peut donc être utile d'acheter une carte SIM allemande chez l'un des nombreux opérateurs locaux. Vérifiez bien qu'elle est compatible avec votre téléphone.

8 Bureaux de poste

Vous pouvez acheter des trimbres dans un bureau de poste, aux distributeurs automatiques ou dans une boutique « partenaire ». Les boîtes aux lettres à Munich sont jaunes.

9 Internet

Tous les musées ainsi que de nombreux hôtels et restaurants possèdent un site Internet. Beaucoup d'hôtels proposent l'accès Internet (souvent payant) à leurs clients.

10 Cybercafés

Vous trouverez de nombreux cybercafés à Munich, dont le Kr@ ftAkt gay *(p. 63)*. Le Café Netzwerk, près de la Glyptothèque *(p. 36)* est ouvert tous les jours.

Café Netzwerk Luissenstr. 11 • plan J2-J3.

Le site **www.muenchen.de** *donne la liste des cybercafés situés dans le centre-ville.*

Gauche **Ambulance** Centre **Logo d'une pharmacie** Droite **Voiture de police**

TOP 10 Santé et sécurité

1 Numéros d'urgence

Le numéro d'urgence de la police est le 110, et celui des pompiers et des ambulances le 112. L'appel est gratuit, même avec un téléphone portable. Il existe aussi des services d'assistance téléphonique. *SOS médecins : (018 05) 191 2 12 • SOS poison : (089) 192 40 • SOS toxicomanes : (089) 28 28 22*

2 Hôpitaux

La Carte européenne d'assurance maladie *(p. 132)* permet de bénéficier de la même couverture des frais hospitaliers que les citoyens allemands. Cependant, une assurance complémentaire est recommandée, surtout pour les visiteurs canadiens et suisses. *www.ameli.fr*

3 Médecins et dentistes

Le personnel de votre hôtel saura vous indiquer un médecin ou un dentiste proche de votre lieu de résidence. Vous pouvez aussi consulter les Pages Jaunes (*Gelbe Seiten*). Le consulat tient à jour une liste de généralistes et de spécialistes parlant français. Celle-ci peut être consultée sur son site Internet : *www.consulfrance-munich.org*

4 Pharmacies

Un grand « A » rouge signale les *Apotheke*. La plupart sont ouvertes de 7 h à 20 h. Hors des horaires d'ouverture, un pannonceau indique la pharmacie de garde la plus proche. Il est aussi possible de se renseigner par téléphone. *(0800) 00 22 833.*

5 Tabac

Depuis 2008, les lois antitabac sur les lieux publics et les lieux de travail, y compris dans la restauration, s'appliquent en Allemagne, sauf indication contraire. Le tabac est nettement moins cher qu'en France.

6 Vols

Munich a l'un des taux de délinquance les plus faibles, non seulement d'Allemagne mais aussi d'Europe. Des pickpockets peuvent cependant sévir, tout particulièrement pendant l'Oktoberfest qui attire des milliers de visiteurs. Restez vigilant dans les wagons de U-Bahn ou de S-Bahn bondés, ou quand vous marchez au milieu de la foule dans les zones piétonnes.

7 Objets trouvés

En cas de perte, essayez l'un des numéros suivants : *Service municipal des objets trouvés : (089) 23 39 60 45 • objets trouvés de la Deutsche Bahn AG : 09 001 990 599 • objets trouvés aéroport : (089) 97 52 13 70.*

8 Sécurité en montagne

Pour suivre un sentier de randonnée, il est indispensable de se munir de bonnes chaussures, de vêtements et d'un équipement adéquats, et de se renseigner sur les prévisions météorologiques. En hiver, informez-vous sur les risques d'avalanche. Une bonne précaution consiste à prévenir, avant le départ, de l'heure du retour prévue. La couverture du réseau de téléphone portable est assez bonne. *Service d'assistance bavarois en montagne (Bergrettung) : 19 222.*

9 Renseignements routiers

La station de radio Bayern 3 diffuse des informations sur les conditions de circulation. Il est possible de se renseigner sur l'état des routes auprès de l'ADAC, l'automobile-club allemand. *Service d'assistance de l'ADAC : (01 80) 2 22 22 22.*

10 Femmes seules

Nul besoin d'un chevalier servant pour se sentir à l'aise à Munich, à condition de prendre les précautions d'usage – ne pas se promener seule la nuit, ne pas porter de bijoux de valeur voyants. Certains parkings disposent de places bien éclairées et réservées aux femmes.

Si vous avez besoin d'un dentiste en urgence, composez le (089) 72 33 093.

Gauche **LEGOLAND** Centre **Randonnée dans le Tölzer Land** Droite **Place réservée aux handicapés**

TOP 10 Familles, seniors et handicapés

1 Réductions

Les enfants et les personnes âgées bénéficient de tarifs réduits pour de nombreux sites de visite et rencontres sportives de l'Olympiapark. La *City Tour Card*, disponible dans les offices de tourisme, ainsi que les forfaits de transports publics de un ou trois jours existent en version familiale *(p. 134)*.
www.muenchen.de et www.citytourcard.com

2 Activités pour enfants

L'office de tourisme municipal, le Tourismusamt München, vous renseignera sur les nombreuses options offertes aux jeunes pendant l'été. Le Bayerische Schlösserverwaltung leur propose, pour 2 €, des visites guidées des châteaux, dont la Residenz, le Schloss Nymphenburg et le Schloss Schleissheim.
Tourismusamt München, Sendlinger Str. 1 • (089) 23 39 65 00 • Bayerische Schlösserverwaltung • (089) 17 90 80.

3 Restaurants en famille

Beaucoup de restaurants possèdent des rehausseurs et servent des portions ou des menus enfants (*kindermenu*). Les Munichois apprécient les *Biergarten* en famille.

4 Seniors

Les personnes âgées de plus de 65 ans bénéficient de nombreuses réductions. Elles ont aussi accès à des visites guidées, des activités sportives et des excursions adaptées.
www.seniorenbuero.de

5 Pavés

Plusieurs zones de Munich ont conservé leur pavage d'antan, ce qui rend difficiles les déplacements en fauteuil roulant.

6 Transports publics (MVV)

Les stations de S-Bahn et de U-Bahn, ainsi que les arrêts de tramway sont tous accessibles en fauteuil roulant et possèdent des toilettes spécialement équipées. Un panneau signale les bus dotés d'un essieu surbaissé et d'une rampe d'accès. Des plans « libre sans barrières » sont disponibles aux billetteries de la MVV et sur son site Internet.

7 Visites guidées pour handicapés

Le Tourismusamt München propose aux malentendants des visites guidées de la ville, assurées par des personnes formées au langage des signes international. Des opérateurs comme *Weis(s)e Stadtvogel* et *Stattreisen München e.V.* organisent aussi des visites pour handicapés.
Tourismusamt München, Sendlinger Str. 1, (089) 23 39 65 00 • Weis(s)er Stadtvogel München, (089) 203 24 53 60 • Stattreisen München e.V., (089) 54 40 42 30.

8 Organismes d'aide aux handicapés

Le Club Behinderter und ihrer Freunde (Club des handicapés et de leurs amis) renseigne sur les équipements des cinémas, des théâtres et des musées. Le VDK Bayern permet de louer des fauteuils roulants.
CBF, (089) 356 88 08 ; www.cbf-muenchen.de • VDK Bayern, (089) 21 170 ; www.vdk.de

9 Hôtels faciles d'accès

Beaucoup d'hôtels de Munich occupent des bâtiments anciens et difficiles à adapter. La plupart ne répondent donc pas aux besoins des personnes se déplaçant en fauteuil roulant.

10 Renseignements pour handicapés

La brochure *Munich for Tourists with Disabilities* est disponible aux kiosques de la Marienplatz et de la Hauptbahnhof. Vous pouvez le demander par mail à l'office de tourisme. Le site de la NatKo (en allemand) est une bonne source d'information. *tourismus@muenchen.de • www.natko.de*

L'association des malentendants a son siège au nº 11 Lohengrinstrasse : (089) 99 26 98 50.

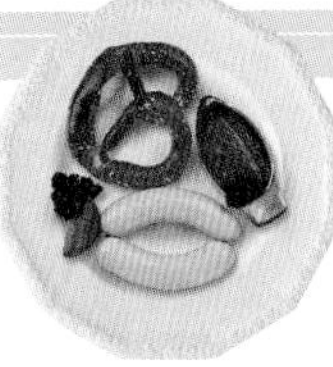

Gauche **Assiette de *Weisswurst*** Centre **Heure de pointe à Munich** Droite **Pendant l'Oktoberfest**

TOP 10 À éviter

1 La Weisswurst après midi

La *Weisswurst* est une saucisse à la viande de veau très périssable. Elle était jadis consommée en en-cas dans la matinée et gardée dans l'eau bouillante jusqu'à midi. Malgré les progrès de l'hygiène, une règle tacite est restée : ne jamais manger de *Weisswurst* après 12 h.

2 Les excès de Bockbier

En saison, il est tentant de succomber à la *Starkbier* ou *Bockbier*, mais avec un degré d'alcool de 6,5° à 7,5° il est très difficile de la « consommer avec modération », surtout dans une ville où la bière est servie au litre.

3 Confondre bavarois et allemand

Même si vous parlez l'allemand, le dialecte local vous donnera du fil à retordre. Par exemple, les petits pains appelés partout en Allemagne *Brötchen* deviennent des *Semmeln* en Bavière, et la *Weizenbier* (bière blanche) se transforme en *Weissbier*.

4 Les cyclistes et rollers

Munich est une ville qui accorde une large place au vélo. Mais tous les cyclistes ne se montrent pas respectueux des règles de conduite, voire de politesse. Certains foncent sur les trottoirs, prennent des sens interdits ou tournent brusquement sans prévenir. Les gens à rollers ne se conduisent pas toujours mieux.

5 L'alcool au volant

Comme en France, il est interdit de conduire avec un taux d'alcoolémie de plus de 0,5 g/l. Or, un *Mass* de bière, même légère, suffit pour dépasser amplement ce seuil. La police effectue des contrôles réguliers.

6 Les heures de pointe

Sans même tenir compte des difficultés de stationnement en centre-ville, conduire à l'intérieur de l'*Altstadtring* (boulevard périphérique) aux heures de pointe n'a rien d'amusant. Depuis les sites Park+Ride *(p. 135)*, les transports publics vous conduiront à destination bien plus rapidement.

7 Les pickpockets

Dans les lieux publics fréquentés, quelques précautions de bon sens s'imposent : rester vigilant, ne pas garder son portefeuille dans une poche arrière, éviter les « sacs banane » et garder son sac à main contre soi. À la gare, à l'aéroport et dans les transports en commun, ne perdez jamais vos bagages de vue.

8 Les infractions de stationnement

Mieux vaut respecter la réglementation, notamment dans les nombreuses zones où le stationnement est réservé aux résidents dotés d'un permis. Les contrôles sont fréquents, en particulier dans le centre. Les agences de location de voitures facturent les amendes impayées, et celles-ci sont exigibles dans toute l'Union européenne. Le coût d'une mise en fourrière est extrêmement élevé.

9 Les taxis pendant l'Oktoberfest

Il est très difficile de trouver un taxi le jour du Nouvel An et durant l'Oktoberfest, qui débute à la mi-septembre. Pendant cette fête, il arrive parfois aux chauffeurs de refuser des passagers montrant des signes d'ébriété.

10 Manquer de prévoyance pour l'Oktoberfest

Trouver au pied levé un hébergement à Munich pendant l'Oktoberfest et les grandes foires commerciales *(Messen)* tient de la gageure. Même les hôtels de luxe affichent complet. Réservez le plus tôt possible. Si vous devez arriver après 17 h, prévenez la réception pour que l'on vous garde votre chambre.

Si votre voiture a été mise en fourrière, composez le (089) 42 77 90.

Gauche **Stadtmuseum** Centre **Marchand de kebabs dans le Westend** Droite **Marché aux puces**

TOP 10 Munich bon marché

1 Musées à tarif réduit

Le dimanche, l'entrée dans tous les musées de l'État de Bavière et de Munich, dont le très riche Bayerische Nationalmuseum, coûte 1 €. Les collections permanentes du Münchner Stadtmuseum *(p. 36)* sont gratuites pour les moins de 18 ans.

2 Manger sur le pouce

De très nombreux kiosques proposent un large choix de snacks et de plats à emporter : saucisses, pizzas, kebabs, spécialités turques ou extrême-orientales... Certains permettent, en outre, de s'installer à une table ou au comptoir. La *Suppenküche* (« cuisine de soupes ») du Viktualienmarkt est devenue une véritable institution à Munich.

3 Restaurants bon marché

Les auberges et brasseries traditionnelles servent des spécialités locales à des prix très raisonnables. Dans la plupart des restaurants, gastronomiques compris, les menus à prix fixe du déjeuner sont toujours avantageux.

4 Hébergement

Il revient moins cher de se loger en périphérie que dans le centre. En famille ou en groupe, et pour un séjour d'au moins quelques jours, la location d'un appartement devient une option intéressante *(p. 149)*. Le camping de Thalkirchen, près du zoo *(p. 107)*, est accessible en transport en commun.
Campingplatz München-Thalkirchen
• *Zentralländstr. 49*
• *(089) 7 23 17 07*
• *www.jiz-muenchen.de*

5 Transports publics

Pour voyager en centre-ville et dans les environs, les visiteurs disposent d'un éventail de forfaits avantageux. La *City Tour Card* combine le trajet et l'entrée dans différents musées. Elle est valable pour la journée ou pour deux ou trois jours. Elle est vendue à l'office de tourisme, dans les kiosques MVV et aux machines automatiques. La *Tageskarte* permet de circuler une journée entière, et la carte de trois jours est bien adaptée pour un week-end. Ces cartes existent aussi en formule *Partner*. Cinq personnes peuvent en profiter en même temps. Les moins de six ans ne paient pas.
www.citytourcard.com

6 Tarifs réduits sur les spectacles

Juste avant la représentation, les billetteries des salles de spectacle proposent des places à tarif réduit aux étudiants et aux seniors.

7 Marchés aux puces

Les marchés aux puces et les trois Auer Dulten *(p. 52)* se prêtent à une flânerie distrayante et à la recherche de souvenirs peu coûteux. On peut y dénicher des trésors.

8 Concerts gratuits

Les élèves de la *Hochschule für Musik*, conservatoire réputé, (Arcisstr. 12), donnent d'excellents concerts en juillet. Le Theatron de l'Olympiapark et le PfingstOpenAir *(p. 47)* sont gratuits. Voir le site *www.musikhochschule-muenchen. de*

9 Visites

Depuis la Karlsplatz, les tramways 18 et 19 parcourent les plus beaux endroits de la ville.

10 Journées portes ouvertes et longues nuits

Presque toutes les attractions et institutions organisent chaque année une journée portes ouvertes. L'office de tourisme vous renseignera sur les dates et les programmes. Des dizaines de sites publics et privés participent aux « longues nuits » *(Lange Nächte)* de la musique (depuis 2000) et des musées (depuis 1990). Des bus assurent des navettes jusqu'au matin entre la centaine de lieux proposant des concerts.

Renseignements sur les manifestations et festivals gratuits : **www.munichx.de**

Gauche **Lederhose** Centre **Porcelaine de Nymphenburg** Droite **Peinture sous verre**

TOP 10 Souvenirs

1 Nymphenburger Porzellan

De la statuette au service de table, toute la production de la manufacture de porcelaine du Schloss Nymphenburg *(p. 12)* reprend des modèles historiques. La finesse du travail justifie les prix. ✆ *Porzellanmanufaktur Nymphenburg, Odeonsplatz 1 • plan L3.*

2 Chocolats d'Elly Seidl

Les connaisseurs assurent que les bouchées au chocolat et autres gourmandises vendues dans la boutique d'Elly Seidl surpassent les créations de ses concurrents belges. Essayez les truffes au champagne. ✆ *Maffeistr. 1 et Am Kosttor 2 • plan L4 et M4.*

3 Costumes traditionnels

Des matériaux nobles, comme le cuir, la dentelle et le loden, servent à la confection des vêtements et accessoires des tenues folkloriques. Ces derniers sont coûteux, mais ils constituent des souvenirs typiques. Robes, ceintures, chapeaux et écharpes se révéleront sans doute plus faciles à porter que le légendaire *Lederhosen*, réputé inusable. ✆ *Loden Frey, Maffeistr. 7-9 • plan L4 • Angermaier, Rosental 10 • plan L5.*

4 Boutiques des musées

Les musées vendent des affiches, des copies d'œuvres et objets d'art, des éditions limitées et des créations de stylistes liées à leurs propres collections et à celles d'autres institutions.

5 Chopes à bière

Du simple verre au pichet à couvercle en étain et corps en porcelaine émaillée, le choix est immense chez les antiquaires, dans les grands magasins de la zone piétonnière et dans les vitrines situées derrière la Frauenkirche. Dans une taverne traditionnelle, vous pouvez demander à acheter un verre aux couleurs de la brasserie.

6 Jouets

La boutique du Deutsches Museum propose des jouets hors du commun : toupies, jeux de construction, maquettes, robots, balles en forme d'atomes… Le Deutsches Museum possède une autre boutique sur Rindermarkt *(p. 8-9)*.

7 Épicerie fine

Avec ses homards vivants et ses crabes dans la fontaine, Allois Dallmayr est une institution. Les espaces dédiés au café, aux gâteaux, à l'huile d'olive, au caviar et au vin font le bonheur des amateurs *(p. 83)*.

8 Vaisselle d'Oskar Maria

Les amoureux de la littérature allemande trouveront des tasses et des soucoupes fabriquées par Dukatz portant des citations pleines d'esprit de l'auteur bavarois Oskar Maria Graf, au café OskarMaria ✆ *OskarMaria, Salvatorplatz 1 • plan L3.*

9 Peinture sous verre et art religieux

La peinture sous verre à thème religieux compte parmi les artisanats typiques de la région de Murnau *(p. 118)*. Les sculpteurs sur bois d'Oberammergau sont réputés pour les santons de la crèche. Les antiquaires et les commerces spécialisés proposent un large éventail d'objets religieux et d'art populaire.

10 Articles de supporters de football

Les boutiques des deux équipes adverses de Munich se font pratiquement face, près de la Hofbräuhaus. Casquettes, maillots, mascottes… Elles proposent tout ce dont peut rêver un passionné. Même les femmes et les bébés ne sont pas oubliés. ✆ *FC-Bayern-Shop, Orlandostr. 1 (Am Platzl) • Fan-Shop TSVMünchen 1860, Orlandostr. 8 (Am Platzl) • plan M4.*

Les Auer Dulten *(foires du quartier d'Au) et les marchés aux puces permettent des acquisitions à petits prix,* **p. 52-53.**

Gauche **Dallmayr** Centre **Soldes au grand magasin Karstadt** Droite **Lindberg**

Top 10 Boutiques

1 Heures d'ouverture

En ville, la plupart des commerces ouvrent de 9 h à 20 h du lundi au samedi. Les administrations, les banques et les bureaux de poste ferment plus tôt, en général à 16 h, 17 h ou 18 h. La veille de Noël et du jour de l'An, peu d'établissements restent ouverts au-delà de midi. Dans les petites localités, vous risquez de trouver porte close dès 17 h en semaine et 12 h le samedi et le mercredi.

2 Soldes et promotions

Les soldes d'hiver et d'été subissent la concurrence d'opérations de promotion menées tout au long de l'année par de nombreuses enseignes. Surveillez les panneaux annonçant *Rabatt* (remise) ou *SALE* (vente exceptionnelle). Rares sont les boutiques où les prix indiqués sur les étiquettes sont négociables. En revanche, le marchandage fait partie des plaisirs offerts par les marchés aux puces.

3 Cartes bancaires

Les paiements par Euro/MasterCard et, dans une moindre mesure, par carte Visa, sont acceptés à peu près partout hormis dans les établissements les plus petits. Pour les autres cartes, mieux vaut se renseigner.

4 Protection du consommateur

Tout problème lié à la consommation (un litige sur un article défectueux, par exemple) relève de l'autorité du Landratsamt, l'administration de la collectivité locale. Vous pouvez également contacter l'antenne munichoise de l'association des consommateurs.

Landratsamt München, Mariahilfplatz 17, plan F6-G6, (089) 622 10 et 62 21-28 17 • Verbraucherzentrale München, Mozartstr. 9, plan E5, (089) 53 75 53.

5 Taxe à la valeur ajoutée

Inclue dans le prix affiché, la *Mehrwertsteuer* s'élève à 16 %. Les résidents d'un pays n'appartenant pas à l'Union européenne peuvent en obtenir le remboursement pour des achats dépassant une certaine valeur.

6 Échanges

Un magasin ne peut vous refuser le remboursement ou, au moins, l'échange d'un article défectueux qui n'a pas été acheté en solde.

7 Prêt-à-porter

Les boutiques de mode sont regroupées dans les grands quartiers commerçants comme, dans le centre, la zone piétonne, la Sendlinger Strasse, la Maximilianstrasse et la Theatinerstrasse et, à Schwabing, la Leopoldstrasse et les environs de l'université *(p. 66-67)*.

8 Musique

En complément des succursales de chaînes nationales comme WOM, Saturn et MediaMarkt et des rayons spécialisés des grands magasins, il existe à Munich d'intéressants disquaires indépendants, comme Hieber Lindberg (Sonnenstr. 15), qui vend aussi des partitions. Ludwig Beck am Rathauseck *(p. 83)* se distingue par sa sélection d'albums de jazz, de blues, de classique et de world music.

9 Livres

La chaîne Hugendubel a sa principale antenne sur la Marienplatz. Le quartier de l'université renferme de nombreuses librairies indépendantes vendant, pour certaines, des ouvrages en langues étrangères. Les amateurs de livres anciens iront chez Kitzinger *(p. 91)*.

10 Magasins d'usine

La vogue des *Fabrikverkäufe* commence à prendre à Munich. La plupart ont ouvert en périphérie, mais vous en trouverez certains dans le centre de Munich.

Classic Outlet, Leopoldstr. 20 • plan M1 • Replay Outlet, Hofmannstr. 7a (Sendling).

Achat d'antiquités p. 52.

Gauche **Ratskeller** Droite **Hotel Residenz**

TOP 10 À l'hôtel et au restaurant

1 Réserver une chambre

Les hôtels acceptent les réservations par Internet, téléphone, fax ou lettre. Ils ne prélèvent pas de commission. De 8 h à 19 h, du lundi au vendredi, et de 10 h à 18 h le samedi, vous pouvez aussi passer par l'office de tourisme.
Tourismusamt München • (089) 39 65 00.

2 Classification des hôtels

Le nombre d'étoiles dépend des prestations fournies. Les prix varient selon la période de l'année et atteignent leur maximum pendant l'Oktoberfest. Ils incluent généralement le petit déjeuner. Beaucoup d'établissements proposent des offres spéciales le week-end ou en basse saison. Internet offre un bon moyen de dénicher des promotions.

3 Choisir un hôtel

Les tarifs indiqués dans les diverses sections de ce guide correspondent à des prix moyens *(p.144-147)*. Les hôtels sont en général plus onéreux dans la capitale bavaroise que dans le reste de l'État. Il est toutefois possible de trouver à Munich des options meilleur marché : auberges de jeunesse, appartements, chambres d'hôtes ou chez l'habitant *(p.148)*.

4 Réserver une table

Mieux vaut réserver dans les restaurants gastronomiques et les établissements les plus populaires, en particulier le week-end. Seul ou en couple, il n'est pas nécessaire d'attendre d'être placé dans une taverne traditionnelle. Il est même habituel de s'installer à une table déjà en partie occupée (après avoir demandé si les places sont libres). Un panneau avec l'inscription *Stammtisch* signale une table réservée.

5 Pourboire

Dans les restaurants, les prix comprennent le service (environ 12 %) et les taxes (environ 7 %), mais il est d'usage de laisser un pourboire, pouvant aller jusqu'à 10 % de la note.

6 Horaires

Tous les restaurants ne servent pas au déjeuner. Le service commence généralement le soir vers 18 h et peut durer jusque bien après minuit. Les *Biergarten* ferment à 23 h.

7 Cuisine bavaroise

Les auberges et les brasseries *(p. 50-51)* sont les meilleurs endroits pour découvrir les spécialités locales. Essayez la *Weisswurst* (saucisse de viande de veau cuite à l'eau) servie avec de la moutarde sucrée et un bretzel, le *Schweinshaxen* (jarret de porc grillé) ou le *Schweinebraten* (rôti de porc) accompagné de chou rouge et de *Knödeln* (boulettes de pommes de terre). Les poissons d'eau douce pêchés localement, comme la truite *(Forelle)* ou le corégone *(Renke)*, sont en général excellents. Le *Brotzeit* (casse-croûte), du pain et une assiette de charcuterie, de fromage et de radis, est le plat le plus populaire dans les *Biergarten*.

8 Grande cuisine

La capitale bavaroise abrite certaines des meilleures tables gastronomiques d'Europe *(p. 64-65)*.

9 Autres cuisines

De nombreux restaurants invitent au voyage culinaire, de l'Afrique du Nord à la Polynésie. Les Munichois adorent la cuisine italienne.

10 Étiquette

Avoir une tenue conforme au standing de l'établissement est utile. Dans un restaurant de luxe, la cravate est rarement nécessaire, mais le port de la veste est recommandé pour les hommes. La décontraction règne dans les *Biergarten*.

Accès en fauteuil roulant aux hôtels et restaurants **p. 138.**

Gauche et centre **Chambre et salon du Königshof** Droite **Bayerischer Hof**

TOP 10 Hôtels de luxe

1 Mandarin Oriental

Ce cinq-étoiles historique proche de la Maximilianstrasse loue 53 chambres et 20 suites. La terrasse et la piscine du toit ménagent une vue spectaculaire. Le restaurant Mark's est l'une des grandes tables de la ville. *Neuturmstr. 1 • plan M4 • (089) 29 09 80 • www. mandarinoriental.com • €€€€€.*

2 Le Méridien

Ce grand hôtel d'une chaîne d'origine française est situé à proximité de la gare. Il renferme 381 chambres et suites, deux restaurants, un bar et un centre de remise en forme. *Bayerstr. 41 • plan J4 • (089) 242 20 • www.lemeridienmunich. com • €€€€€.*

3 Sofitel Munich Bayerpost

La façade historique d'une ancienne poste cache un hôtel cinq-étoiles moderne de 396 chambres. Salle de conférences et vaste Spa. *Bayerstr. 12 • plan J4 • (089) 59 94 80 • www.sofitel.com • €€€€€.*

4 Hotel Vier Jahreszeiten Kempinski

Cet hôtel, ouvert sur la Maximilianstrasse en 1858, est doté de tout le confort moderne, d'une piscine couverte et d'équipements de remise en forme, mais il a conservé son cachet original. Le restaurant a beaucoup de charme. *Maximilianstr. 17 • plan M4 • (089) 21 25 27 99 • www.kempinski.com • €€€€€.*

5 Königshof

Ce palace propose 74 chambres et 13 suites meublées avec un grand souci du détail. Il domine Stachus, une place animée. Son restaurant compte parmi les meilleurs de la ville. *Karlsplatz 25 • plan J4 • (089) 55 13 60 • www. koenigshof-hotel.de • AH limité • €€€€€.*

6 The Charles Hotel

Ce cinq-étoiles luxueux proche de la Karlsplatz appartient au groupe Rocco Forte. Il abrite 160 chambres, un Spa, un restaurant, des salles de conférences et de sport. *Sophienstr. 28 • plan J3 • (089) 544 55 50 • www.charleshotel.de • €€€€€.*

7 Bayerischer Hof

La même famille tient depuis un siècle cette vénérable institution à Munich, ouverte en 1841 à l'instigation de Louis Ier. Elle compte 350 chambres et suites, chacune ayant son propre style. L'édifice historique abrite, en outre, 40 salles de conférences et de réception, un piano-bar, un club de jazz *(p. 59)* et plusieurs restaurants. Le patio sur le toit abrite un Spa. *Promenadeplatz 2-6 • plan K4-L4 • (089) 2 12 00 • www.bayerischerhof.de • AH limité • €€€€€.*

8 Excelsior

Cet établissement de standing est proche de la Hauptbahnhof et de la zone piétonnière. Tout amateur de vins fins se doit de découvrir la vinothèque Geisel, à deux pas. *Schützenstr. 11 • plan J4 • (089) 55 13 70 • www.excelsiorhotel.de • €€€€€.*

9 Hilton Munich Park

L'un des deux Hilton de Munich jouit d'une situation à la fois calme et centrale, en bordure de l'Englischer Garten. Il compte 500 chambres et suites, et ses salles de conférences peuvent accueillir jusqu'à 1 000 personnes. Le restaurant Tivoli propose des buffets à thème. *Am Tucherpark 7 • plan G3 • (089) 38 450 • www.hilton.de • AH limité • €€€€€.*

10 Palace

Près du Prinzregententheater, le Palace possède 74 chambres et suites, un restaurant et un jardin. Le centre de remise en forme et le sauna ouvrent sur la terrasse du toit. *Trogerstr. 21 • plan H5 • (089) 41 97 10 • www. daspalace.de • €€€€€.*

Tous les hôtels acceptent les cartes bancaires. Sauf indication contraire, ils ne disposent pas d'accès en fauteuil roulant.

Catégories de prix

Prix par nuit pour une chambre double avec petit déjeuner (s'il est inclus), taxes et service compris.		
	€	moins de 60 €
	€€	60 €-100 €
	€€€	100 €-150 €
	€€€€	150 €-200 €
	€€€€€	plus de 200 €

Gauche et droite **Entrée et chambre de l'Hilton Munich City**

Top 10 Hôtels d'affaires

1 Hilton Munich City

Cet hôtel, juste à côté du Gasteig, possède 500 chambres et suites, toutes d'une superficie minimale de 25 m2 et équipées d'un fax et d'une connexion Internet sans fil. Les salles de conférences peuvent accueillir jusqu'à 300 personnes. *Rosenheimer Str. 15 • plan N6 • (089) 480 40 • www.hilton.de • AH limité • €€€€-€€€€€.*

2 Holiday Inn Munich-City Centre

En face du Gasteig, l'hôtel, qui offre de belles vues depuis la rive de l'Isar, dispose de 582 chambres (dont 12 suites) et de 16 salles de conférences pouvant accueillir 650 personnes. *Hochstr. 3 • plan N6 • (089) 480 33 333 • www.holidayinn.com • AH limité • €€€-€€€€.*

3 The Westin Grand München

L'immeuble avec vue panoramique sur les Alpes possède 22 étages, dont trois réservés à l'espace de conférences aménagé pour des groupes de 5 à 1 250 personnes. Il y a 627 chambres bien équipées, un restaurant de cuisine asiatique, le Zen, et une piscine couverte. *Arabellastr. 6 • (089) 926 40 • www.westingrandmunich.com • AH limité • €€€-€€€€€.*

4 Hotel Ibis München

Les chambres, équipées du Wi-fi, sont propres et calmes, et les lits sont confortables. L'hôtel est idéal pour un séjour en famille. *Dachauer Str. 21 • plan J3 • (089) 55 19 30 • www.accorhotels.com • AH • €€-€€€.*

5 Marriott Hotel München

Cet établissement de chaîne, proche de l'Allianz Arena, fournit toutes les prestations d'un hôtel d'affaires – 348 chambres et 13 salles de conférence. *Berliner Str. 93 • plan G1 • (089) 36 00 20 • www.marriott.com • AH limité • €€€-€€€€€.*

6 Eden-Hotel-Wolff

En face de la gare centrale, cet hôtel quatre-étoiles datant de 1890 compte 240 chambres meublées. La réception mettra un point d'honneur à vous obtenir une place pour un spectacle. *Arnulfstr. 4 • plan E4 • (089) 55 11 50 • www.ehw.de • €€€€-€€€€€.*

7 InterCityHotel München

Installé dans un édifice ferroviaire historique de cinq étages, ce quatre-étoiles loue 198 chambres insonorisées et huit salles de réunion, équipées du Wi-fi. *Bayerstr. 10 • plan J4 • (089) 839 329 0 • www. intercityhotel.com • AH limité • €€€-€€€€€.*

8 NH München Neue Messe

À 6 km du centre, près du palais des Expositions, cet établissement moderne propose 253 chambres confortables. Certaines sont adaptées aux besoins des personnes handicapées. Il possède un restaurant, un café, un sauna et neuf salles de conférences. *Eggenfeldener Str. 100 • (089) 302 238 5911 • www.nh-hotels.com • €€€-€€€€€.*

9 Kempinski Hotel Airport München

Ce luxueux cinq-étoiles à l'architecture ambitieuse est doté d'un atrium, planté de palmiers hauts de 20 m. Les voyageurs en déplacement d'affaires disposent, dans l'aéroport, de 389 chambres et suites parfaitement équipées, de deux restaurants et d'un grand Spa où se détendre. *Terminalstr./ Mitte 20 (089) 978 20 • www.kempinski-airport.de • AH • €€€€-€€€€€.*

10 Mövenpick Hotel München-Airport

À quelques minutes de route de l'aéroport, ce quatre-étoiles ultramoderne abrite 165 chambres insonorisées, 17 salles de conférences et un hammam. *Hallbergmoos, Ludwigstr. 43 • (0811) 88 80 • www moevenpick-munich.com • AH • €€€-€€€€€.*

Renseignements sur les hôtels accessibles aux handicapés **p.138.**

Gauche **Hotel Astor** Centre et droite **Hotel Königswache**

TOP 10 Hôtels de milieu de gamme

1 Hotel Europäischer Hof

Cet établissement en face de la gare principale compte 148 chambres. Le petit déjeuner est servi sous forme de buffet. Parking souterrain, formules pour les familles, et animaux autorisés. Accès Internet.
Bayerstr. 31 • plan J4 • (089) 55 15 10 • www.heh.de • €€€-€€€€.

2 Alpen-Hotel-München

Près de la zone piétonnière, la même famille tient depuis trois générations ce trois-étoiles. Toutes les chambres sont bien équipées et disposent d'un accès Internet. La Stefans Gasthaus propose de savoureuses spécialités bavaroises et internationales.
Adolf-Kolping Str. 14 • plan J4 • (089) 55 93 30 • www. alpenhotel-muenchen.de • AH limité • €€€-€€€€.

3 Hotel Astor

Dans ce quatre-étoiles de 46 chambres proche de la gare, les prestations fournies incluent la télévision par câble et le Wi-Fi. Le Bistro Nozzi, avec sa cheminée, offre un cadre chaleureux à la dégustation de plats italiens et dispose d'une bonne cave. *Schillerstr. 24 • plan J5 • (089) 54 83 70 • www.hotel-astor.de • AH limité • €€-€€€€.*

4 Art Hotel Munich

Dans un bel édifice Art nouveau, l'Art Hotel dispose de 110 chambres au confort d'un trois-étoiles. L'établissement est à 5 min à pied des stations de métro et de S-Bahn de la gare principale. Parking.
Paul-Heyse-Str. 10 • plan E5 • (089) 59 21 22 • www.arthotelmunich.com • AH limité • €€€-€€€€.

5 Leonardo Hotel

Les 70 chambres de cet hôtel situé près de la gare possèdent un décor moderne, et les hôtes disposent d'un parking. Le petit déjeuner est servi jusqu'à 11 h.
Senefelderstr. 4 (près de la Bayerstr.) • plan J4 • (089) 620 39 779 • www.leonardo-hotels.de • €€-€€€.

6 Hotel Leopold

Dans cet hôtel familial au cœur de Schwabing, les 100 chambres, d'un confort quatre-étoiles, donnent presque toutes sur le ravissant jardin. Des lits avec literie antiallergique sont fournis sur demande.
Leopoldstr. 119 • plan G2 • (089) 36 70 61 • www. hotel-leopold.de • AH limité • €€€-€€€€.

7 Hotel Königswache

Ce petit hôtel trois étoiles est installé près des trois pinacothèques et de la station de métro Theresienstrasse. Les 39 chambres sont bien équipées et disposent d'une connexion Internet.
Steinheilstr. 7 • plan J2 • (089) 542 75 70 • www.koenigswache.de • €€€.

8 Hotel Laimer Hof

À quelques pas du Schloss Nymphenburg, cette villa de rêve dispose de 23 chambres spacieuses et d'un personnel efficace. Les chambres dans la tour séduisent les couples en voyage de noces.
Laimerstr. 40 • plan B3 • (089) 17 80 380 • www.laimerhof.de • AH limité • €€-€€€.

9 Hotel Herzog

L'hôtel est situé près de la station de U-Bahn « Goetheplatz ». Les 80 chambres, aménagées sobrement, possèdent pour la plupart un balcon donnant sur le jardin. Bon rapport qualité/prix.
Häberlstr. 9 • plan E6 • (089) 59 99 39 01 • www.hotel-herzog.de • €€-€€€.

10 Hotel Uhland

Ce ravissant petit hôtel familial, situé dans une banlieue verdoyante, près des jardins où se déroule l'Oktoberfest, a beaucoup de caractère. La maison ancienne, est charmante. Les chambres ont un décor personnalisé.
Uhlandstr. 2 • plan B3 • (089) 54 33 50 • www.hotel-uhland.de • AH • €€-€€€.

Tous les hôtels acceptent les cartes bancaires. Sauf indication contraire, ils ne disposent pas d'accès en fauteuil roulant.

Gauche **Cour de l'Hotel Opéra** Droite **Bar du Cortiina**

Catégories de prix

Prix par nuit pour une chambre double avec petit déjeuner (s'il est inclus), taxes et service compris.		
	€	moins de 60 €
	€€	60 €-100 €
	€€€	100 €-150 €
	€€€€	150 €-200 €
	€€€€€	plus de 200 €.

TOP 10 Hôtels de charme

1 H'Otello Advokat

Cet établissement occupe un ancien immeuble de bureaux. Il est situé près de l'Isartor, entre le Viktualienmarkt et le Deutsches Museum. Le décor contemporain et minimaliste joue de chaudes couleurs. La terrasse, sur le toit, ménage un beau panorama sur la vieille ville. *Baaderstr. 1 • plan M5 • (089) 45 83 12 00 • www.hotel-advokat.de • €€€€.*

2 Anna Hotel

Avec l'Anna Hotel, la famille Geisel, propriétaire du Königshof et du Cosmopolitan, s'est offert un bijou moderne. La formule « Le design est de l'art sous forme fonctionnelle » a guidé la décoration des chambres et du bar-restaurant *Schützenstr. 1 • plan J4 • (089) 59 99 40 • www.annahotel.de • AH limité • €€€€€.*

3 Hotel Opéra

L'établissement occupe, dans le quartier de Lehel, un édifice de 1898. Chacune des 25 chambres possède son propre décor. Les hôtes se retrouvent à l'apéritif dans la cour néoromane. Gandl, le restaurant gastronomique, fait aussi épicerie fine et cave à vins. *St.-Anna-Str. 10 • plan N4 • (089) 210 49 416 • www.hotel-opera.de • €€€€-€€€€€.*

4 Hotel Gästehaus Englischer Garten

En bordure de l'Englischer Garten, un bâtiment historique abrite 25 chambres aménagées avec goût. Le petit déjeuner est servi sur une agréable terrasse. Une annexe renferme des apparte-ments. *Liebergesellstr. 8 (Ecke Keferstr.) • plan G2 • (089) 3 83 94 10 • www.hotelenglischergarten.de • €€-€€€.*

5 Prinzregent am Friedensengel

Cet établissement de standing possède 65 chambres élégantes, meublées d'antiquités. *Ismaninger Str. 42-44 • plan P4 • (089) 41 60 50 • www.prinzregent.de • €€€€-€€€€€.*

6 Ritzi

Le décor personnalisé des 25 chambres et suites, très réussi, joue d'influences exotiques ou décline une couleur dominante. Style Art déco dans les pièces communes. *Maria Theresiastr. 2a • plan P4 • (089) 414 24 08 90 • www.hotel-ritzi.de • €€€€-€€€€€.*

7 Prinz

Au-dessus de l'Isar, près du Gasteig, ce petit hôtel loue 40 chambres spacieuses offrant, pour la plupart, une jolie vue sur la ville. Il accueille régulièrement des expositions d'art. *Hochstr. 45 • plan N6 • (089) 441 40 80 • www.hotel-prinz.de • €€€-€€€€.*

8 Romantikhotel Insel Mühle

Un moulin datant de 1445 et 35 chambres rustiques créent un cadre idéal pour une escapade romantique. Le murmure du ruisseau accompagne le repas sur la terrasse. *München-Untermenzing, Von-Kahr-Str. 87 • (089) 8 10 10 • www.insel-muehle.com • AH limité • €€€€-€€€€€.*

9 Splendid-Dollmann

À courte distance à pied de la Maximilianstrasse, dans le quartier de Lehel, cet hôtel occupe un élégant immeuble du XIXe s. Les pièces communes sont décorées de tableaux et d'antiquités. *Thierschstr. 49 • plan N4 • (089) 23 80 80 • www.hotelsplendiddollmann.de • €€€€-€€€€€.*

10 Cortiina Hotel

Au cœur de la vieille ville, le Cortiina conjugue sobriété et originalité de la décoration. Bois, pierre, textiles et cuir créent une atmosphère reposante dans les 33 chambres et dans les pièces communes. Le bar attire, le soir, une clientèle sophistiquée. *Ledererstr. 8 • plan L4 • (089) 2 42 24 90 • www.cortiina.com • €€€€€.*

Renseignements sur les hôtels accessibles aux handicapés **p. 138.**

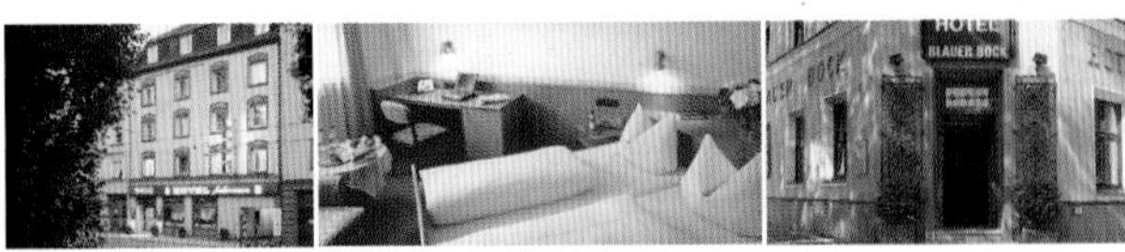

Gauche et centre **Hotel Jedermann** Droite **Hotel Blauer Bock**

TOP 10 Hôtels bon marché

1 Pension Hotel Monaco

Cette petite merveille est une oasis de calme au cœur du quartier de Ludwigsvorstadt. La décoration raffinée mêle lits à baldaquins et lampes Art déco. Les 20 chambres disposent du Wi-Fi gratuit. *Schillerstr. 9 • plan J4 • (089) 545 99 40 • www. hotel-monaco.de • €–€€€.*

2 Hotel Eder

Ce charmant petit établissement borde une rue paisible près de la gare principale. Les 25 chambres possèdent téléphone, télévision et Wi-Fi. *Zweigstr. 8 • plan J4 • (089) 55 46 60 • www.hotel-eder.de • €€–€€€.*

3 Hotel Blauer Bock

Le Blauer Bock, près du Stadtmuseum, se distingue par l'attention apportée au service. Certaines de ses sept chambres sont non fumeurs. Animaux domestiques acceptés et places de stationnement à louer. *Sebastiansplatz 9 (St.-Jakobs-Platz) • plan K4-L4 • (089) 23 17 80 • www.hotelblauerbock.de • €€–€€€.*

4 Hotel Lex

Un établissement chaleureux qui propose des chambres simples et bien équipées avec connexion Internet. On peut aussi louer des appartements pour des séjours plus longs. À deux pas du quartier des musées, c'est un bon point de chute pour découvrir Munich. *Brienner 48 • plan K3 • (089) 54 27 260 • www.hotel-lex.de • €€.*

5 Hotel Jedermann

La famille Jenke possède l'établissement depuis 1961. La situation centrale de l'hôtel et la qualité du service lui valent une grande popularité. La plupart des 55 chambres donnent sur une cour lumineuse. Les autres sont insonorisées. Les hôtes disposent d'un ordinateur à la réception. *Bayerstr. 95 • plan E4-E5 • (089) 54 32 40 • www.hotel-jedermann.de • AH limité • €€–€€€.*

6 Hotel-Pension Atlanta

Les chambres de cette pension à l'accueil chaleureux sont simples mais propres. Le quartier, animé, compte de nombreux restaurants. *Sendlingerstr 58 • plan K3 • (089) 26 36 05 • www.hotel-atlanta.de • €€.*

7 Hotel Olympia

Ce trois-étoiles est proche de la forêt protégée du Forstenrieder Park, dans le sud de Munich. Les 34 chambres sont modernes. Depuis la station de métro située à 250 m, quelques minutes suffisent pour rejoindre le centre. Animaux domestiques acceptés, parking et Wi-Fi gratuit. *Maxhofstr. 23 • (089) 75 40 63 • www.hotel-olympia-muc.de • €€.*

8 Hotel Aurora

Bien situé, près de l'A8 et de l'A 99, ce trois-étoiles n'est qu'à 15 min du centre-ville en S-Bahn. Les 20 chambres disposent de la télévision par câble, de la radio, d'une ligne téléphonique directe et du Wi-Fi. Ordinateurs fournis sur demande. *Limesstr. 68a • (089) 89 73 69 30 • www.hotel-garni-aurora.de • €€.*

9 Hotel Dolomit

Situé près de la Hauptbahnhof et du parc de l'Oktoberfest, cet hôtel deux-étoiles comprend 91 chambres basiques et 48 chambres avec double vitrage, TV à écran plat et accès Wi-Fi. *Goethestr. 11 • plan E5 • (089) 59 28 47 • www.hotel-dolomit.de • €€.*

10 Hotel Royal

Cet hôtel, dans le centre de Munich, propose 40 chambres très bien insonorisées et meublées avec élégance. Wi-Fi gratuit. *Schillerstr. 11a • plan J4 • (089) 59 98 81 60 • www.hotel-royal.de • €€.*

Tous les hôtels acceptent les cartes bancaires. Sauf indication contraire, ils ne disposent pas d'accès en fauteuil roulant.

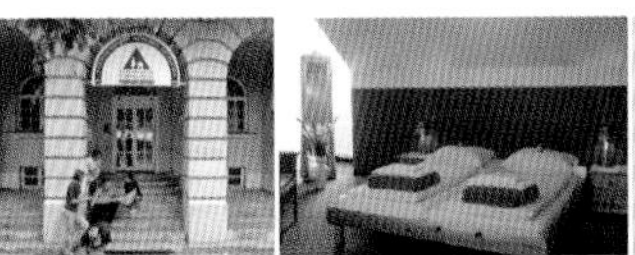

Catégories de prix

Prix par nuit pour une chambre double avec petit déjeuner (s'il est inclus), taxes et service compris.		
	€	moins de 60 €
	€€	60 €-100 €
	€€€	100 €-150 €
	€€€€	150 €-200 €
	€€€€€	plus de 200 €.

Gauche **Jugendherberge München** Droite **Chambre au Easy Palace City Hostel**

TOP 10 Autres hébergements

1 Pension Am Kaiserplatz

Il faut parfois réserver des mois à l'avance l'une des dix chambres de cette charmante et paisible pension, au cœur de Schwabing. La plupart disposent d'une douche mais n'ont pas de W.-C. *Kaiserplatz 12 • plan F2 • (089) 34 91 90 • www.amkaiserplatz.de • €.*

2 Hotel Mona Lisa

L'hôtel est situé près de l'Englischer Garten, dans le quartier de Lehel. Les sept chambres, au décor personnalisé, sont équipées du téléphone, de la télévison et d'un minibar. Les enfants de moins de 14 ans ne paient pas. *Robert-Koch-Str. 4 • plan N4 • (089) 21 02 83 80 • www.hotelmonalisa.de • €€.*

3 Pension Greiner

Cette pension, entre l'Englischer Garten et la Leopoldstrasse, loue neuf chambres accueillantes disposant presque toutes d'une douche et de W.-C. Le prix comprend un généreux buffet pour le petit déjeuner. *Ohmstr. 12 • plan M1 • (089) 380 18 80 • www.pensiongreiner.de • €€.*

4 Jugendherberge München-Neuhausen

Cette auberge de jeunesse exige la carte d'adhérent. Proche de la Rot-Kreuz-Platz, à 10 min du centre en U-Bahn. Il y a des sanitaires à chaque étage. Le petit déjeuner est servi sous forme de buffet. Pension ou demi-pension. *Wendl-Dietrich-Str. 20 • plan C3 • (089) 20 24 44 90 • www.djh.de • €.*

5 Easy Palace City Hostel

Près de la gare centrale, cette auberge de jeunesse indépendante abrite 62 chambres et dortoirs dotés de douches et de W.-C. Possibilité de louer des vélos, d'accéder à Internet et de disposer d'un casier gratuit. *Mozartstr. 4 • plan E5 • (089) 558 79 70 • www.easypalace.de • AH limité • €.*

6 Wombat's City Hostel Munich

Juste à côté de la gare, c'est l'une des meilleures auberges de jeunesse de Munich. Les chambres sont propres, modernes et bien isolées. Une visite guidée de la ville est comprise dans le prix de la chambre. *Senefelderstr. 1 • plan J4 • (089) 599 891 810 • www.wombats-hostels.com • AH • €€.*

7 Hotel-Gästehaus im Forum am Westkreuz

À 15 min du centre en S-Bahn, dans le complexe du Forum qui abrite 28 commerces et deux restaurants, cet établissement loue des studios et des deux-pièces. Presque tous possèdent un balcon ou une terrasse. Le prix inclut l'entretien de l'appartement. *Friedrichshafener Str. 17 • (089) 83 99 00 • www.gaestehausimforum.de • €€–€€€.*

8 Maximilian Apartments

Un édifice à la façade historique abrite des appartements haut de gamme, équipés de la télévision par câble et d'un téléphone. Ménage et blanchisserie font partie des services. *Hochbrückenstr. 18 • plan M4 • (089) 24 25 80 • www.maximilian-munich.com • €€€€-€€€€€.*

9 Bed & Breakfast München

Cette agence propose des logements à la journée, à la semaine ou au mois, en chambre d'hôte ou chez l'habitant. Elle prélève une commission. *(089) 168 87 81 • www.bed-breakfast-muc.de*

10 Mr. Lodge

Cette société loue, en général pour des périodes de plusieurs mois, des résidences allant du studio à la maison individuelle. Description détaillée sur son site Internet. *(089) 340 82 30 • www.mrlodge.de*

Renseignements sur les hôtels accessibles aux handicapés **p.138.**

Lexique

En cas d'urgence

Où est le téléphone ?	Wo ist das Telefon ?
Au secours !	Hilfe!
S'il vous plaît, appelez un docteur !	Bitte rufen Sie einen Arzt.
S'il vous plaît, appelez la police !	Bitte rufen Sie die Polize.
S'il vous plaît, appelez les pompiers !	Bitte rufen Sie die Feuerwehr.
Arrêtez !	Halt !

L'essentiel

Oui	Ja
Non	Nein
S'il vous plaît	Bitte
Merci	Danke
Excusez-moi	Verzeihung
Bonjour	Guten Tag
Au revoir	Auf Wiedersehen
Bonsoir	Guten Abend
Bonne nuit	Gute Nacht
À demain	Bis morgen
À la prochaine	Tschüss
Salut	Servus
Qu'est-ce que c'est ?	Was ist das ?
Pourquoi ?	Warum ?
Où ?	Wo ?
Quand ?	Wann ?
aujourd'hui	heute
demain	morgen
mois	Monat
nuit	Nacht
après-midi	Nachmittag
matin	Morgen
année	Jahr
là	dort
ici	hier
semaine	Woche
hier	gestern
soir	Abend

Quelques phrases utiles

Comment allez-vous ? (familier)	Wie geht's ?
Bien, merci.	Danke, es geht mir gut.
À bientôt	Bis später
Où est/sont ?	Wo ist/sind… ?
À quelle distance se trouve… ?	Wie weit ist es… ?
Parlez-vous français ?	Sprechen Sie fränzosisch ?
Je ne comprends pas.	Ich verstehe nicht.
Pouvez-vous parler plus lentement s'il vous plaît ?	Könnten Sie langsamer sprechen, bitte ?

Quelques mots utiles

grand	gross
petit	klein
chaud	heiss
froid	kalt
bon	gut
mauvais	schlecht
ouvert	geöffnet
fermé	geschlossen
gauche	links
droite	rechts
tout droit	geradeaus

Au téléphone

Je voudrais téléphoner.	Ich möchte telefonieren.
Je rappellerai plus tard.	Ich versuche noch einmal später.
Puis-je laisser un message ?	Kann ich eine Nachricht hinterlassen ?
répondeur	Anrufbeantworter
télécarte	Telefonkarte
récepteur	Hörer
portable	Handiy
occupé	besetzt
faux numéro	Falsche Verbindung

Le tourisme

billet d'entrée	Eintrittskarte
cimetière	Friedhof
gare	Bahnhof
galerie	Galerie
renseignement	Auskunft
église	Kirche
jardin	Garten
palais/château	Palast/Schloss
place	Platz
arrêt de bus	Haltestelle
entrée libre	Eintritt frei

Les achats

Avez-vous/Y a-t-il… ?	Gibt es… ?
Combien cela coûte-t-il ?	Was kostet das ?
À quelle heure/ ouvrez-vous ? fermez-vous ?	Wann/ öffnen Sie ? schliessen Sie ?
ceci	das
cher	teuer
bon marché	preiswert
taille	Grösse
numéro	Nummer
couleur	Farbe
brun	braun
noir	schwarz
rouge	rot
bleu	blau
vert	grün
jaune	gelb

Les magasins

antiquaire	Antiquariat
pharmacie	Apotheke
banque	Bank
marché	Markt
agence de voyages	Reisebüro
grand magasin	Warenhaus
droguerie	Drogerie
coiffeur	Friseur
marchand de journaux	Zeitungskiosk
librairie	Buchhandlung
boulangerie	Bäckerei
boucherie	Metzgerei
poste	Post
boutique/magasin	Geschäft/Laden
photographe	Photogeschäft
self-service	Selbstbedienungsladen
marchand de chaussures	Schuhladen
magasin de vêtements	Kleiderladen, Boutique
alimentation	Lebensmittelgeschäft
verre, porcelaine	Glas, Porzellan

À l'hôtel

Avez-vous une chambre libre ?	Haben Sie noch ein Zimmer frei ?
avec des lits jumeaux ?	mit zwei Betten ?
avec un lit double ?	mit einem Doppelbett ?
avec une baignoire ?	mit Bad ?
avec une douche ?	mit Dusche ?
J'ai réservé.	Ich habe eine Reservierung.
clé	Schlüssel
portier	Pförtner

Au restaurant

Avez-vous une table pour… ?	Haben Sie einen Tisch für… ?
Je voudrais réserver une table.	Ich möchte eine Reservierung machen.
Je suis végétarien.	Ich bin Vegetarier.
Garçon !	Herr Ober !
L'addition, s'il vous plaît.	Die Rechnung, bitte.
petit déjeuner	Frühstück
déjeuner	Mittagessen
dîner	Abendessen
bouteille	Flasche
plat du jour	Tagesgericht
plat principal	Hauptgericht
hors-d'œuvre	Vorspeise
dessert	Nachtisch
tasse	Tasse
carte des vins	Weinkarte
verre	Glas
cuillère	Löffel
fourchette	Gabel
cuillère à café	Teelöffel
couteau	Messer
assiette	Teller
l'addition	Rechnung
pourboire	Trinkgeld

Lire le menu

Apfel	pomme
Apfelsine	orange
Aprikose	abricot
Artischocke	artichaut
Beefsteak	steak
Bier	bière
Bohnensuppe	soupe aux haricots
Branntwein	eau-de-vie
Bratkartoffeln	pommes de terre sautées
Bratwurst	saucisse grillée
Brot	pain
Brühe	bouillon
Butter	beurre
Ei	œuf
Eis	crème glacée
Ente	canard
Erdbeeren	fraises
Fisch	poisson
Forelle	truite
Gans	oie
gebraten	rôti
gegrillt	grillé
gekocht	bouilli
geräuchert	fumé
Geflügel	volaille
Gemüse	légumes
Gulasch	goulasch
Gurke	cornichon
Hähnchen (Hendl)	poulet
Hering	hareng
Himbeeren	framboises
Kaffee	café
Kalbfleisch	veau
Kaninchen	lapin
Kartoffelpüree	purée de pommes de terre
Käse	fromage
Knoblauch	ail
Knödel	boulette de pâte
Kuchen	gâteau
Lachs	saumon
Leber	foie
Milch	lait
Mineralwasser	eau minérale
Nuss	noix
Öl	huile
Petersilie	persil
Pfeffer	poivre
Pfirsich	pêche
Pflaume	prune
Rindfleisch	bœuf
Rührei	œufs brouillés
Saft	jus
Salat	salade
Salz	sel
Salzkartoffeln	pommes de terre à l'eau
Sauerkirschen	cerises
Sauerkraut	choucroute
Sekt	vin mousseux
Senf	moutarde
scharf	épicé
Schlagsahne	crème fouettée
Schnitzel	escalope de porc ou de veau
Schweinefleisch	porc
Semmel	petit pain
Spargel	asperge
Spiegelei	œuf au plat
Spinat	épinards
Tee	thé
Tomate	tomate
Wassermelone	pastèque
Wein	vin
Weintrauben	raisin
Wiener Würstchen	saucisse de Francfort
Zitrone	citron
Zucker	sucre
Zwiebel	oignon

Les nombres

0	null
1	eins
2	zwei
3	drei
4	vier
5	fünf
6	sechs
7	sieben
8	acht
9	neun
10	zehn
11	elf
12	zwölf
13	dreizehn
14	vierzehn
15	fünfzehn
16	sechzehn
17	siebzehn
18	achtzehn
19	neunzehn
20	zwanzig

Index

Remerciements

Auteur
Auteur et éditrice de nombreux guides de voyage et ouvrages de référence, le Dr. Elfi Ledig est actuellement rédactrice en chef d'un magazine de santé. Elle habite Munich.

Pour Dorling Kindersley, Munich :

Direction éditoriale
Dr. Jörg Theilacker

Responsable éditorial
Gerhard Bruschke, Linde Wiesner

Collaboration éditoriale
Birgit Walter

Maquettiste
Dr. Alex Klubertanz

Texte d'appoint
Brigitte Maier, Georg Ledig

Photographies d'appoint
Dorota et Mariusz Jarymowicz, Georg Ledig, Wendelin Lomeg, H. Pollety, Julian Puttins, Pawel Wojcik

Index
Dr. Bettina Jung

Pour Dorling Kindersley, Londres :

Édition
Douglas Amrine

Direction éditoriale
Helen Townsend, Kate Poole

Direction artistique
Jason Little

Cartographie
Casper Morris

Iconographie
Brigitte Arora, Romaine Werblow

Fabrication
Louise Daly

Coordination de la révision
Leah Thether

Édition et création d'appoint
Shruti Bahl, Martha Bescoes Sanchez, Emer FitzGerald, Anna Freiberger, Jeremy Gray, Sumita Khatwani, Shikha Kulkarni, Elfi Ledig, Alison McGill, Marianne Petrou, Ellen Root, Preeti Singh, Barbara Sobeck-Miller, Julie Thomson

Pour International Book Productions Inc, Toronto :

Direction éditoriale
Barbara Hopkinson

Traduction
Elisabeth Schwaiger

Édition
Judy Phillips

PAO
Dietmar Kokemohr

Collaboration éditoriale
Ken Ramstead

Correction d'épreuves
Sheila Hall

Crédits photographiques
h = en haut ; c = au centre ;
b = en bas ; g = à gauche ; d = à droite.

L'éditeur exprime sa reconnaissance aux particuliers, sociétés et bibliothèques qui ont autorisé la reproduction de leurs photographies :

Allianz Arena : B. Ducke 72hg ; Bavaria Filmstadt GmbH : 55b, 68b, 108hc ; Bayerische Landesbank : 136hg ; Bayerischer Hof : 59b, 144hd ; Blutenburgtheater : 44hd ; Club Morizz : 62hc, 62b ; Cortina Hotel : Fabrice Dallanese 147hd ; Deutsche Eiche : 62hg ; Geisel Hotels : 64hd, 65h, 144hg, 144hc ; Griesbräu zu Murnau : 119hg ; Hilton Munich City : 145hd, 145hg ; Hotel Astor : 146hg ; Hotel Jedermann : 148hg, 148 hc ; Hotel Königswache : 146hc, 146hd ; Hotel Residenz Passau : 143hd ; Internationales Dokumentarfilmfestival : 54hg ; Legoland Deutschland GmbH : 69hg, 69d, 138hg ; Lenbach : 64hc, 64b ; Mathäser : Jörg Hempel, Aachen 54hd, 55bd ; Max-Emanuel-Brauerei : 93hg, 93hd ; Muffathalle : 58b ; Münchener Biennale : 46hd ; Münchner Filmfestwochen GmbH : 46b ; Pasinger Fabrik : 44hg ; Porzellan und Pinselstrich : 101hd ; Pusser's : 60b ; Ratskeller München : 143hg ; Josef Schwab, Starnberg : 32b ; Tantris : 64hg ; Weinhaus Neuner : 85h ; Zirkus Krone : 68hc.
Fremdenverkehrsamt Mühldorf : 74hc. Tourismusamt München : 4-5 ; Bjarne Geiges 7hd, 25hc ; Robert Hetz 1 ; Kurverwaltung Garmisch-Partenkirchen :

117h, 117b, 119hd, 125c; Tourismusverband Starnberger Fünf-Seen-Land: 7bd, 70b, 73h; Tourist-Information Bad Tölz: 68hd, 74hd, 74b, 75h, 75d, 124hd, 126hg, 138hc.

A1 PIX: 3bg. ALPINES MUSEUM, MÜNCHEN: 99hg. ARCHIV WOLFGANG LEHNER/WENDELIN LOMEG: 45d, 51d, 53hd, 55hd, 59d, 61hd, 61db, 65d, 73d, 135hg. ARTOTHEK: Bayer und Mitko 6cgb; *Schlaraffenland* (1566) de Pieter Brueghel 14-15c, 16hc; Blauel/Gnamm, *L'Enlèvement des filles de Leucippe* (1618) de Rubens 15hg; *Le Jeu des vagues* (1883) d'Arnold Böcklin 16hd, 37c, 97c; Joachim Blauel, *Bataille d'Alexandre* (1529) d'Albrecht Altdorfer 14bc; *Portrait de Willem van Heythuysen* (1625-1630) de Frans Hals 15bg; *Le Christ dépouillé de ses vêtements* (v. 1579) du Greco 15bc; *Le Déjeuner dans l'atelier* (1868) d'Édouard Manet 16bg, 37hg; Toni/Ott 34hc. THE ATOMIC CAFÉ : 58hg, 58hd.

BAR CENTRAL: 84hg. BAU MUNICH: 63hd. BAYERISCHE SEENSCHIFFFAHRT: 32hgc. BAYERISCHE VERWALTUNG DER STAATLICHEN SCHLÖSSER, GÄRTEN UND SEEN: 3hg, 6bg, 12bd, 20-21c, 28bc, 29hd, 29hg, 29b, 30hg, 30hd, 31hd, 31cd, 34hg, 71c, 106bd, 106bd, 107hd. BAYERISCHES NATIONALMUSEUM: 36hd, 37bd.

ALOIS DALLMAYR: 142hg. DEUTSCHES MUSEUM MÜNCHEN: 6hg, 8hg, 8c, 8cb, 8hd, 9hg, 9hd, 9cd, 9cdb, 9cgb, 10hd, 10hg, 11cdh, 11cgb, 10hc, 10b. DEUTSCHE BAHN AG: 133hg. DK IMAGES: 74hg, 104hc, 107d, 107bd; Demetrio Carrasco 125hd. DEUTSCHE PRESSE-AGENTUR GMBH: 2hg; Picture Alliance/ Peter Kneffel 3hd; Picture Alliance/ Scholz 116cd.

EASY PALACE: 149hc.

FLUGHAFEN MÜNCHEN: 132hd, 133hd.

VERA GAUDERMANN: 14cgh, 16cg, 17h, 17b, 18-19c, 19cd, 24-25c, 24cd, 25cd, 25b, 27cdb, 38hc, 42hc, 44b, 50hg, 50hc, 50hd, 51h, 52hg, 52hd, 54hc, 60hg, 60hc, 60hd, 62hd, 66hg, 66hc, 66hd, 67h, 83hc, 83hd, 84hg, 84hc, 84hd, 88h, 90hg, 90hc, 91hg, 91hd, 92hg, 92hc, 92hd, 94-95, 99b, 105h, 108hg, 108hd, 109hg, 109hc, 109hd, 110hg, 110hc, 110hd, 111hg, 138hd, 139hc, 140hg, 140hc, 140hd, 142hc, 142hd, 148hd. GETTY IMAGES: Stock4B-RF 32-33c.

HAUS DER BAYERISCHEN GESCHICHTE, BILDARCHIV: 34hd. HEIMATMUSEUM BAD TÖLZ: 124cd. HUSSFELD AND ZANG : 109hc.

IFA-BILDERTEAM: Hollweck 22-23. IFA-IMAGES: 48-49, 52hc, 53d, 56-57, 80h, 81bg, 81d, 82hc, 130-131. INTERNATIONALE MÜNCHNER FILMWOCHE GMBH: 54bg.

JUGENDHERBERGE MÜNCHEN CITY: 149hg.

LANDESHAUPTSTADT MÜNCHEN/MÜNCHNER STADTMUSEUM: 35d, 86cd. GEORG LEDIG: 103hd, 116hg, 120hg, 120cd, 123h. WENDELIN LOMEG: 100hc, 101hc, 102hg, 102hd, 103hg, 127h.

WERNER NIKOLAI: 74hg.

PACHA : 58hc. PERLERIE : 109hg.

PROJECTS UNLIMITED: Christoph Knoch 83hg. JULIAN PUTTINS: 22g, 22cd, 22bg, 23h, 23cdh, 23c, 23bg, 24g, 46c, 47d, 139hd.

HERBERT SCHWINGHAMMER: 97b. STAATLICHES MUSEUM ÄGYPTISCHER KUNST, MÜNCHEN: 21cd. STÄDTISCHE GALERIE IM LENBACHHAUS: *Entwurf für den Umschlag des Almanachs Der Blaue Reiter*, Wassily Kandinsky © ADAGP, Paris und DACS, Londres 2005 118cd. STADTMUSEUM, MÜNCHEN: 89hg. ODA STERNBERG: 42hg.

TAMS THEATRE : 45hg.

UNIONS-BRÄU-HAIDHAUSEN : 103hg.

ZEFA VISUAL MEDIA: Damm 7cdb; Santos 26-27hc.

COUVERTURE :
Première de couverture :
©José Fuste Raga/AGE Fotostock.
Quatrième de couverture :
©D. et M. Jarymowicz/DK Images (bg) ; ©Cody Duncan/Alamy Images/ DK Images (bd).

Toutes les autres illustrations © Dorling Kindersley London.
Pour de plus amples informations :
www.dkimages.com

Index des principales rues